MensSana

Über den Herausgeber:
Eduard Maass ist Koordinator der ökumenischen Hospizgruppe Balingen und Vorstand des gleichnamigen Fördervereins. Mit seinem langjährigen Engagement in der Hospizarbeit und als Herausgeber dieses Buches will er zeigen, dass das Thema Tod und Sterben alle Menschen betrifft, und die Hoffnung vermitteln, wie Erfahrungsberichte Trost und Zuversicht geben können.

Eduard Maass (Hg.)

Das Buch vom Abschied

Prominente Persönlichkeiten über Sterben, Tod und Trauer

MensSana

Besuchen Sie uns im Internet:
www.knaur.de
Alle Titel aus dem Bereich MensSana finden Sie
im Internet unter: www.mens-sana.de

FSC
www.fsc.org
MIX
Papier aus verantwortungsvollen Quellen
FSC® C014496

Originalausgabe Oktober 2012
Knaur Taschenbuch

Ein Unternehmen der Droemerschen Verlagsanstalt
Th. Knaur Nachf. GmbH & Co. KG, München

Umschlaggestaltung: ZERO Werbeagentur, München
Umschlagabbildung: Monika Schwenk, 72336 Balingen, www.mokasign.de
Satz: Andrea Mogwitz, München
Druck und Bindung: GGP Media GmbH, Pößneck
Printed in Germany
ISBN 978-3-426-87631-2

2 4 5 3 1

Inhalt

Vorwort

Ich komme, ich weiß nicht, von wo?
Ich bin, ich weiß nicht, was?
Ich fahre, ich weiß nicht, wohin?
Mich wundert, dass ich so fröhlich bin.
Heinrich von Kleist

An einem warmen Herbstnachmittag saß ich mit meiner Frau Manuela im Café *Orion*, wir tranken Espresso und unterhielten uns über ein paar kürzlich abgeschlossene Projekte unserer Hospizgruppe: den mit unseren Hospizfreunden gedrehten Film *Der Tod macht stille Leute* und die gerade produzierte CD *Jegliches hat seine Zeit.* Wir sprachen auch über Lesungen, Ausstellungen, Vorträge, alles, was wir im Lauf der Jahre zusammen auf die Beine gestellt hatten. Und wir diskutierten und überlegten, was wir als Nächstes machen könnten.
Da kam uns die Idee! Ein Buch, das Trost und Zuversicht in schweren Stunden vermittelt – ein Buch gegen die Hilflosigkeit im Angesicht des Todes. Dazu wollten wir bekannte Persönlichkeiten im deutschsprachigen Raum befragen und sie um einen Beitrag rund um das Thema Sterben, Tod und Trauer bitten.

Auf Worte folgten Taten. Wir sammelten Anschriften und E-Mail-Adressen von Menschen des öffentlichen Lebens in Deutschland, von denen wir glaubten, dass sie uns gute Beiträge für dieses Projekt schreiben würden. Wir formulierten einen persönlichen Brief, in dem wir unser Anliegen beschrieben und um einen Text baten, der später in einem Sammelband erscheinen sollte. Hunderte von Briefen und E-Mails verließen unseren Schreibtisch, für uns eine sowohl wahre Mammutaufgabe in Anbetracht unserer beschränkten Möglichkeiten, aber gleichzeitig auch eine beflügelnde Herausforderung, Neues zu initiieren.

Doch als die ersten Absagen eintrafen, waren wir sehr überrascht. Viele Menschen baten uns schriftlich um Verständnis, dass sie zu diesen Themen nichts sagen könnten, sei es aus persönlicher Betroffenheit, die sie noch nicht verarbeitet hätten, oder weil sie sich einfach mit solchen Fragestellungen zu schwer tun würden. Nicht selten erhielten wir auch telefonische Absagen, die manchmal in mehr als einstündige Gespräche mündeten, in denen uns die Personen zwar ihre persönlichen Trauerfälle und Erfahrungen mit Verlust erzählten, dies aber nicht veröffentlicht haben wollten.
Für uns als jahrelange ehrenamtliche Begleiter von Sterbenden waren das allesamt Umstände, die wir überhaupt nicht bedacht hatten. Denn wer Menschen in Grenzsituationen begleitet, sieht sich mit solchen Fragen natürlich täglich konfrontiert.

Andererseits bekamen wir auch sehr viel positives Feedback und zahlreiche verbindliche Zusagen. Das Ergebnis unserer Aktion liegt nun vor. Prominente von einer ganz privaten Seite – Schauspieler, Politiker, Schriftsteller, Sänger, Persönlichkeiten aus der Wirtschaft, aus Verbänden oder dem kirchlichen Bereich – genau wie wir es uns gewünscht hatten.

Entstanden ist ein Lesebuch, das zum einen zutiefst persönliche Erfahrungen offenbart, zum anderen auch weltanschauliche und religiöse Grundüberzeugungen darlegt. So wird der Leser nicht nur emotional angesprochen, sondern auch zu einem neugierig »nachdenklichen Nachdenken über den Tod« angeregt. Wenn dies gelingt, haben wir – die Initiatoren und die Beitragenden – unser Ziel erreicht.

Eduard Maass

I.
Die letzte Lebenszeit

Früher war alles besser – vielleicht ist dieser Satz in mancher Hinsicht auch durchaus richtig. Ich denke an das Sterben des Großvaters oder der Ahne, das sich im Kreis der Familie vollzogen hat. Die Nachbarn und die Freunde kamen, um Abschied zu nehmen, der Pfarrer wurde zur letzten Segenshandlung geholt, die Sterbenden waren nicht allein.
Heute geschieht Sterben meist in Krankenhäusern oder Altersheimen. Wie viele sterben allein?
Es mag sein, dass die Vergangenheit wie in vielen anderen Bereichen auch verklärt wird. Dennoch berichten fast alle, die bei einem Sterbenden bis zu seinem Tod Beistand geleistet haben, dass dies ein erfüllendes Erlebnis gewesen sei und dass es ihnen in ihrer Trauer nach dem Tod sehr geholfen hat. Dass manche hadern, der Sterbende sei in dem Augenblick von ihnen gegangen, als sie selbst gerade eingeschlafen oder aus dem Zimmer hinausgegangen waren, kann mit der Erkenntnis gemildert werden, dass Sterbende leichter gehen können, wenn sie ihren Angehörigen weniger weh tun und sich selbst gehalten fühlen.

Sterben ist die letzte Zeit in diesem Leben. Es tut gut zu erkennen, dass es sich um Lebenszeit handelt, Zeit, die würdevoll gestaltet und auch für letzte wichtige Worte genutzt werden kann.

Juandalynn R. Abernathy

Opernsängerin, Patenkind von Pastor Martin Luther King

Meine Kindheit in den Südstaaten

Meine ganz persönlichen Erfahrungen und Erlebnisse mit Leid und Tod begannen von meiner Kindheit an. Mein Gottvertrauen brachte mich über alle schlimmen Erlebnisse hinweg, ebenso der Trost und der Zusammenhalt der Familie und echter Freunde.

Montgomery/Alabama, als noch die Rassentrennung bestanden hat: Ich war die Zweitgeborene, aber das erste lebende Kind. Zuvor war ein Bruder geboren worden, in einem katholischen Krankenhaus für Weiße. »Saint Jude«, das einzige Haus, wo auch schwarze Babys zur Welt kommen konnten, alle anderen Krankenhäuser verboten das. An dem Tag, als meine Mutter und mein Bruder entlassen werden sollten, starb er unerklärlicherweise. Ein Jahr später wurde ich geboren, in der gleichen Klinik. Als ich eineinhalb Jahre alt war, wurde das Pfarrhaus, in dem wir lebten (mein Vater war Pfarrer) bombardiert. Meine Mutter war damals schwanger mit meiner Schwester Donzaleigh. Mutter und ich waren allein im Haus. Wir lagen im Bett. Plötzlich eine Detonation – das Haus wurde durch Dynamit völlig zerstört. Und ein Wunder war geschehen: Meine Mutter und ich waren unverletzt, obwohl alle Mauern rings um uns herum weggerissen waren.

Die nahe gelegene Kirche wurde ebenfalls bombardiert, aber nicht so stark beschädigt. Die ganze Stadt hatte die Detonation gehört, alle kamen gelaufen, auch der Kinderarzt Dr. Moses Jones. Er wollte ins Haus, doch die Polizei hielt ihn zurück mit den Worten: »Da drin ist keiner mehr, die sind alle tot.« Meine Schwester wurde sechs Monate später geboren. Nach der Geburt zitterte sie stark und das Zittern hielt an, bis sie ein halbes Jahr alt war. Meine Mutter sagte später, sie habe vor der Explosion schon tagelang Drohanrufe erhalten.

Mein Vater und Martin Luther King waren sehr eng befreundet. Die beiden waren damals in Atlanta/Georgia zur Gründung der Organisation »The Southern Christian Leadership Conference« (SCLC), dies war der Beginn der späteren Freiheitsbewegung in Amerika.

Zur Bewegung des Montgomery-Bus-Boykotts: Rosa Parks sollte im Bus aufstehen und ihren Platz einem Weißen überlassen. Sie weigerte sich. Daraufhin wurde sie verhaftet. Damit begann die Geschichte in Alabama. Mein Vater hat, zusammen mit anderen Personen, Rosa Parks aus dem Gefängnis befreit. Er war sehr bekannt in Montgomery/Alabama. Die Bewegung begann dann damit, die Stadt lahmzulegen, indem das Transportsystem boykottiert wurde, es lag völlig darnieder. Der Boykott dauerte 395 Tage. Dadurch wurde das System gebrochen, und man hat die Gesetze insofern geändert, dass nun jeder, ob schwarz oder weiß, das Recht bekam, einen Sitzplatz im öffentlichen Verkehr einzunehmen.

Nach einem Jahr wollte Martin Luther King noch mehr für die Schwarzen in Amerika erreichen. Dazu gründete er mit meinem Vater eine neue Organisation.

Ich musste bereits als Kind sehr schlimme Dinge miterleben. Es war in Birmingham/Alabama, als Kinder in einer Kirche starben. Sie waren in der Sonntagsschule, und die Kirche flog durch eine Bombe in die Luft. Wir waren ständig in Angst versetzt: Drohbriefe und -telefonate kamen, ständig waren wir in Sorge, ob der Vater heimkommt, ob er nicht erschossen wird. Mein Vater war Vizepräsident der Organisation SCLC und damit ständig gefährdet.

Wir Kinder bekamen Fotos zu sehen, was mit schwarzen Menschen geschah – sie wurden gehängt, mit Benzin übergossen und lebendig verbrannt. Ein Freiheitskämpfer, Medga Evers, wurde vor seiner Haustüre erschossen.

Später wurde mein Bruder, Ralph III. geboren, einige Jahre danach kam das vierte Kind zur Welt, mein Bruder Kwame. Wir Geschwister schliefen zu dritt in einem Zimmer. Mein Bruder Ralph hatte stets Angst vor einer Bombardierung, weil er von den Ereignissen der Vergangenheit wusste und unsere Kinderzimmer nach vorne hinaus lagen.

Eine schlimme Konfrontation mit dem Tod war für uns Kinder ein weiteres Ereignis: Ein Junge aus Chicago, Emmet Till, 14 Jahre alt, fuhr in den Sommerferien zu seinen Großeltern in den Süden. Da er angeblich einer weißen Frau hinterhergepfiffen hatte, wurde er zu Tode geprügelt. Er war nicht mehr als Mensch zu erkennen auf dem Foto, er starb an seinen schlimmen Verletzungen. Sein Großvater musste wegziehen, er konnte nicht länger in der Stadt leben, da er vor Gericht ausgesagt hatte, wer seinen Enkel zu Tode geprügelt hatte. Es war gang und gäbe – wie ein Sport –, einen schwarzen Mann oder Jungen zu verhaften und zu hängen. Wenn mein Vater mit uns, seiner Familie, in den Süden zu den Großeltern fuhr, mussten immer zwei Autos hinter uns herfahren – zur Sicherheit. Kurz anhalten, an einen Kiosk gehen oder zur Toilette – stets musste alles unter Bewachung geschehen. Mein Vater fuhr nie allein in den Süden.

Der Tod von Martin Luther King: Am 4. April 1968 wurde Martin Luther King erschossen. Mein Vater schien es vorauszuahnen, denn als er uns in die Schule fuhr, merkte ich seine Trauer. Ich habe ihn gefragt, wann er nun mit Uncle Martin wegfährt, wiederkommt, und er antwortete: »Ich weiß es nicht. Dies ist ein schwieriger Fall.« Seine Augen werde ich nie vergessen. Einige Tage später sprach ich am Telefon mit meiner Freundin Yolanda King, der Tochter von Martin Luther King, so wie jeden Tag. Nachdem ich aufgelegt hatte, rief mich eine Freundin an und sagte: »Macht den Fernseher an, Martin Luther King ist gerade erschossen worden.« Ich sagte es meiner Mutter, und sie rief sofort Aunt Coretta, seine Ehefrau an. Diese begann sofort, die Koffer zu packen, und meine Mutter auch. Innerhalb einer Stunde waren sie am Flughafen. Der Bürgermeister von Atlanta informierte Aunt Coretta und meine Mutter über den Tod von Uncle Martin. Aunt Coretta begab sich wieder nach Hause zu ihren Kindern, meine Mutter flog weiter, um bei meinem Vater zu sein. Dieses Ereignis war für mich in meinem bisherigen Leben, ich war damals elf Jahre alt, das erschütterndste überhaupt. Als Erstes dachte ich: Gott sei Dank, mein Vater ist nicht gestorben. Einige Tage später sahen wir Uncle Martin im Sarg, er sah aus, als ob er schliefe. Ich weiß aus meinem Glauben, dass wir nach dem Tod weiterleben, aber die Verstorbenen sind nicht mehr unter uns. Es war sehr hart für uns alle, denn wir haben ihn fünf Tage in der Woche gesehen.

Jahre später, als erwachsene junge Frau, musste ich den Tod des eigenen Vaters erleben. In Konstanz am Bodensee, meinem Wohnort, erhielt ich den Anruf meiner Schwester: »Komm sofort nach Hause, ich glaube, Daddy stirbt!« In früheren Telefonaten hieß es, er werde sicher wieder gesund, es sei nur durch sein Fasten – es war in der Vorosterzeit –, es würden ihm nur Mineralien fehlen. Zu meiner Mutter sagte er jedoch: »Meine Zeit ist gekommen.« Dann kam er ins Krankenhaus. Als ich ankam, schlief ich jeden Abend im Krankenhaus, man stellte mir ein Bett zur Verfügung. Vater erzählte mir, Engel hätten ihm gesagt, er hätte Blutgerinnsel. Am Abend bevor er starb, nahm er ein Bad. »Ich nehme mein letztes Bad«, sagte er zu mir. Er sagte mir auch, dass ich heiraten und Kinder bekommen werde. Enttäuscht war er, dass ich nicht an der Metropolitan Opera singe, obwohl ich die Fähigkeit dazu gehabt hätte. Er sagte zu uns, wir bräuchten nichts zu fürchten, wir müssten nur lernen, Menschen zu vergeben, die uns Böses tun und uns übelgesinnt sind. »Es tut mir leid, dass ich euch keine Reichtümer hinterlassen kann, aber ich war nicht auf der Erde, um Reichtümer zu erringen, sondern um Menschen zu helfen. An diesem Abend wollte meine Schwester, die aus Kalifornien kam, nachts bei ihm bleiben, deshalb verzichtete ich. Er kam am 17. April 1990 morgens gegen 10.00 Uhr in den OP zur Notoperation, da er plötzlich über starke Schmerzen klagte. Meine Schwester sagte: »Ich gehe da mit rein«, darauf mein Vater: »Wo ich hingehe, kannst du nicht mitgehen.« Das war das Letzte, was er sagte. Er starb auf dem OP-Tisch, sein Herz hatte ausgesetzt.

Mein Vater wurde in Atlanta/Georgia beigesetzt. Mehrere tausend Menschen säumten die Straßen des Trauerzuges auf dem Weg zur Kirche und zum Friedhof. Die Polizei musste die Straßen sperren, damit der Trauerzug seinen Weg fand. Der Sarg, in dem mein Vater ruhte, stand auf einem hölzernen Heuwagen, den vier Pferde zogen. Zwei seiner Brüder eskortierten den Zug, die vier anderen fuhren auf dem Wagen mit. Der Verlauf war der gleiche wie bei Martin Luther King. Mein Vater war die letzte lebende führende Persönlichkeit der Organisation SCLC, die von Anfang an dabei war. Auf seinem Grabstein steht: »I Tried« (Ich habe es versucht).

Die Tatsache, dass wir ein ewiges Leben haben, dass die Seele weiterlebt, kommt aus Gott. Hier auf Erden leben wir weiter in unseren Taten und durch unsere Nachkommen.

Dr. Norbert Blüm

Staatsminister a. D.

Vaters Tod

Über den Tod lässt sich lange, launisch, zynisch, philosophisch und ich weiß nicht wie reden. Niemand, der über ihn spricht, hat ihn selbst erlebt. Am nächsten kommt er uns, wenn er uns in der Nähe trifft. Bei mir waren dies Mutter und Vater, und das war so:

Mein Vater hatte Lungenkrebs. Drei Jahre vor seinem Tod stellte ein Arzt dies fest. Er empfahl eine Operation im Krankenhaus.

Mein Vater war nie in seinem Leben im Krankenhaus gewesen. Mein Vater wollte auch diesmal nicht ins Krankenhaus. Ersatzweise versuchten wir, ihm die Lehre vom gesunden Leben beizubringen. Erster Therapievorschlag war »Rauchverbot«. Das war ein Versuch ohne jedwede Aussicht auf Befolgung. Mutter redete auf ihn ein, ich redete auf ihn ein. Doch einen alten Kettenraucher, der sechs Jahrzehnte Zigarettentraining hinter sich hat, verändert man auch nicht im achten Lebensjahrzehnt. Mich überzeugte er nach einer langen, gutvorbereiteten Suada über die todbringenden Gefahren des Nikotingenusses, zu der ich mich vor ihm aufgebaut hatte, mit der unwiderlegbaren Mitteilung: »Stelle dir vor, Norbert, gestern habe ich in der Zeitung gelesen, auch Nichtraucher sterben.« Was wollte ich da erwidern. Ich musste lachen und hatte verloren. Aber was hätte er davon gehabt, wenn ich gewonnen hätte? Vielleicht hätte er drei Monate länger gelebt. So blieb er bis zum Ende Christian Blüm: der unveränderliche, glückliche Kettenraucher.

Meine Kinder und meine Frau, wir waren in Hirtzhals im Norden Dänemarks in Urlaub. Sonntagabend, müde von Meer und Strand, komme ich zurück in die Ferienwohnung. Das Telefon klingelt. Hans-Peter, mein Bruder, ist in der Leitung und sagt: »Komm zurück, Papa stirbt.« Ich setze mich ins Auto und rase los.

Ab deutscher Grenze Flensburg kann ich das Autotelefon benutzen. Ich rufe in regelmäßigen Abständen an. Hans-Peter sagt: »Eile dich, er wartet auf dich.« Ich rase ohne Rücksicht auf Geschwindigkeitsbegrenzungen und um drei Uhr nachts bin ich an seinem Bett. Papa bekommt in der Aufregung meiner Ankunft Erstickungsanfälle. Mama ruft den Notarzt. Blaulicht, Rettungswagen, Tragbahre. Ich frage den jungen, bärtigen Arzt: »Wozu ins Krankenhaus?« Er: »Wasser aus der Lunge pumpen.« Ich: »Was bringt das?« Er: »Drei Tage länger.« Ich: »Mama, willst du das?« Sie: »Nein.« Der Arzt: »Richtig«, packt seine sieben Rettungssachen zusammen und fährt ohne Blaulicht zurück.

So ist das. Die eingefahrene Rettungsroutine kann schon durch einen kleinen Einwand zur Besinnung gebracht werden.

Vatter blieb zu Hause. Er beruhigte sich. Aber er wusste, es geht zu Ende. Wir wussten es auch. Der Pfarrer kam und betete mit ihm, schien sich aber mehr für mich und die Politik zu interessieren als für den Sterbenden. Verwandte kamen und Nachbarn und Freunde. Das Sterbebett wurde zum Treffpunkt. Einmal, als das kleine Zimmer übervoll war, sagte Vater ironisch wie immer: »Ei, ich wusst gar net, dass mir so viel Verwandt habbe.«

Und montags nach Schichtende standen in der Ringstraße in Rüsselsheim Busse in einer langen Reihe. Sie waren alle gekommen, die Omnibusfahrer von der Adam Opel AG, um von ihrem Arbeitskollegen Christian Abschied zu nehmen. So standen sie ums Bett ohne große Worte, fast hilflos, aber liebevoll. Und ebenso einfach beschloss Vatter die »Betriebsversammlung am Sterbebett« mit dem alles zusammenfassenden Abschiedssatz, die Hand unter der Bettdecke hervorholend und winkend: »Halt' euch munter.« Sie gingen still. Im Treppenhaus war Schluchzen zu hören.

Der Dienstag ging auch noch vorbei. Am Mittwoch wurde es ernst. Die Ärztin kam abends. Ich fragte sie, wann wir sie holen sollten. »Wenn er tot ist.« Ich erschrak, aber sie machte mir klar, es gab nichts mehr Medizinisches.

Wir machten uns für die entscheidende Nacht bereit. Vatter, Mutter, mein Bruder, eine Enkelin, meine Frau und ich. Alle saßen ums Bett. Marita saß bei seinen Füßen mit ihren Beinen unter seiner Decke. Er kämpfte schwer um jeden Happen Luft. Wir beteten, aber nur, wenn er wollte. Dann winkelte er den Arm an, spreizte die Finger, einer von uns gab eine zweite Hand dazu, und so hatten wir gefaltete Hände, halbe-halbe, eine Hand von Papa und eine von uns. »Vater unser ...«, zwei- bis dreimal, dann reichte es wieder. Er winkelte die Hand ab und legte sie flach. Nach einiger Zeit, es war wieder Zeit, Hand hoch, beten. So ging es Stunde um Stunde.

Zwischendurch redete er kurz, ohne tragischen Gestus, aber ernst. Meist wollte er Wasser für seine Lippen. Gegen drei Uhr, ihren Kopf an seinen schmiegend, erzählte Mama die Geschichte ihres Lebens. »Weißt du, Christian« – es ging vom Hölzchen ins Stöckchen. Vom Maskenball in Mainz, wo sie sich zum ersten Mal gesehen hatten, über Gefangenschaft und Ferienerlebnisse. »Und weißt du, Christian, und weißt du noch und die

Kinder … und damals … und dann noch, wie du gesagt hast … Weißt du noch, Christian … weißt du noch« – die unendliche Geschichte eines alten Ehepaares.

Und als sie unter Tränen und Lachen am Ende ihrer unsortierten Geschichte war, da fasste Christian, unterbrochen von der Anstrengung nach dem nächsten Luftzug, noch einmal alle Kraft für den Satz zusammen: »Gretel, es war alles sehr schön.«

Das war der letzte Satz, den ich von meinem Vater gehört habe. Ein paar Atemzüge später war er tot. Es war die schönste Quintessenz eines Lebens. Das Leben des Kraftfahrzeugschlossers Christian Blüm.

Ursula Cantieni

Schauspielerin

Hallo, da geht doch was?!

Die Mutter: »... ich will deine Schwester anrufen – jetzt gleich ...
– drei Mal besetzt ... ja, wenn die mal am Telefonieren ist ...
wir kommen ja gar nicht mehr zueinander ...
am Mittwoch, und dann sind wir ganz lang zusammen!
... mir ist jetzt so, dass ich am liebsten aus der Haut fahren möchte! Mini Dame und Herre, in miner Eigenschaft als ...
– jetzt sage ich solche Sachen.

Hast du jetzt das Maträtzchen? ...
Jetzt schneiden wir das Maträtzchen auf!«

Ursula: »Welches Maträtzchen?«

Die Mutter: »... das Maträtzchen, damit ich dir zeigen kann, was du kriegst.«

Ursula: »Was meinst du mit Maträtzchen?«

Die Mutter: »… Ach, ich seh schon, im Augenblick verstehen wir uns nicht.
Ab morgen muss ich mit Beingymnastik anfangen, das geht nicht,
dass ich mich nicht bewegen kann –
… jetzt habe ich mir so viel Mühe gegeben, gut zu schlafen,
damit ich mich dann nachher ganz leicht fühle –«

Die Notiz mit den Gesprächsschnipseln fand ich vor kurzem ganz hinten in einem Ordner, als ich was ganz anderes suchte – das kleingefaltete Blatt, eng beschrieben, hätte ich dort nicht vermutet – und da habe ich es zum ersten Mal wieder gelesen, seit jenem August 1990.

Es war eine der letzten Nächte, in der die schwerkranke Mutter sich noch einmal mitteilte. Ich hatte, wie schon öfter, mir eine Matratze neben ihr Bett auf den Boden gelegt – die Stationsschwester erlaubte es – und ich schlief und wachte und horchte – je nachdem.

In der Nacht richtete sich die Mutter plötzlich auf und wollte mit mir reden – als das mit dem Maträtzchen nicht geklärt werden konnte, legte sie sich wieder zurück und war ruhig … und ich: ziemlich ratlos, was meinte sie?

Auf jeden Fall aufschreiben, was sie da sagte, so schnell und so genau wie möglich – verstehen: vielleicht morgen, oder irgendwann …

Sich finden, versöhnen, das war mein innigster Wunsch – aber sie wollte keine Gefühlslawine, sondern Leichtigkeit, Klarheit.

Sie stellte ganz sachlich fest: Im Augenblick verstehen wir uns nicht. Und schon war der Finger in der alten Wunde. Wie viele Jahre lagen die Mutter und ich im Clinch, haben uns verletzt, bekämpft, und ich konnte ihre Liebe nicht annehmen.

Trotzdem nahm sie mich in diesen letzten Tagen ganz nah an ihre Seite, denn es gab viel zu tun – sie dachte, und ich machte – sie wusste genau, und ich vertraute – neu für mich – so …

Allmählich, jetzt, begreife ich: Das war der Durchbruch – ein Dammbruch, Gestautes kam wieder ins Fließen, wurde weich, neugierig – trotz Schmerz. Er war heftig.

Ich haderte mit vielem, und mir, habe lange die Versöhnung nicht erkennen können.

Doch immer wieder staunte ich: Gerade an einer Wegkreuzung angekommen, fand ich die Weichen schon gestellt, perfekt, und ich habe die Chance, die Courage gehabt, die Richtung zu sehen und sie zu nehmen.

Wo ich früher immer meinte, Türen eintreten zu müssen – plötzlich wird angeklopft.

Hallo, da geht doch was?!

Ja, o danke!
Du hast das Maträtzchen aufgeschnitten, für mich,
und zeigst mir nach und nach die Schätze –

Deine Ursula

Baden-Baden, im Juni 2010

Veronica Ferres

Schauspielerin

Sei dankbar für alles Schöne, das du erlebst – jeden Tag

»Sei dankbar für alles Schöne, das du erlebst – jeden Tag.«

Dieser Satz prägt mein Leben und ist mir jeden Tag aufs Neue ein Motto.

Gerade weil ich in meinem Leben mit Schicksalsschlägen konfrontiert und schwierigen Situationen gegenübergestellt wurde, weiß ich, wie wichtig es ist, den Moment zu genießen und sich über das Wundervolle, das einem im Leben begegnet, zu freuen.

Als vor zwölf Jahren meine Mutter an den Folgen eines Schlaganfalls starb, war das für meine Familie und mich ein furchtbarer Schock. Sie war erst 66 Jahre alt und bis dahin kerngesund. Wir hatten allerdings wenigstens die Möglichkeit, sie auf ihrem letzten Weg zu begleiten und in ihren letzten Stunden bei ihr zu sein. Mein Vater, meine Brüder und ich haben zwei Tage und zwei Nächte an ihrem Bett gewacht und zusammen gebetet. Heute noch bin ich unendlich dankbar dafür, dass ich diese Zeit noch mit meiner Mutter hatte und in den letzten Stunden ihres Lebens bei ihr sein konnte. Den Tod meiner Mutter, die mir unheimlich nahestand, konnte ich nur durch meinen Glauben verarbeiten. Ich bin katholisch erzogen und deswegen davon überzeugt, dass der Tod nicht das Ende ist. Über ihren Verlust bin ich bis heute trotzdem nicht wirklich hinweggekommen. Und wahrscheinlich werde ich das auch nie. Ich vermisse meine Mutter ständig. Vor allem dann, wenn ich mich nach ihrer Wärme sehne. Wie oft habe ich mir in der Vergangenheit schon gewünscht, dass sie mich mit ihrer Erfahrung bei Lillys Erziehung berät. Wie gerne würde ich sie fragen: Wie war das eigentlich damals bei mir? Früher gab es kaum einen Sonntag, an dem wir nicht längere Zeit miteinander telefoniert haben. Und deshalb erlebe ich auch heute noch sonntags manchmal Momente, in denen ich impulsiv zum Hörer greife und denke: »Ich muss ja unbedingt noch Mama anrufen«. Bis ich dann vor mir selber erschrecke und mir klarwird: Sie ist nicht mehr da.

Ein anderer Schicksalsschlag ereilte mich 1999. Ich hatte eine schwere Hirnhaut- und Gehirnentzündung. Zehn Tage lag ich im Koma, mein Leben stand auf Messers Schneide. Anschließend musste ich monatelang in einer Rehaklinik mühsam das Sprechen und Gehen wieder lernen. Das war eine der existenziellen Erfahrungen meines Lebens. Eine Zeit, in der ich mir auch die Frage stellte: Warum gerade ich?

Doch hier darf man sich nicht die Schuldfrage stellen. Mir wurde klar, dass es zum Leben dazugehört, auch Schmerz, Krisen und schlimme Verluste zu erleben – um dann die Momente des Glücks umso bewusster wahrzunehmen. Sei demütig und dankbar für alles Gute und Schöne, das du erlebst. Jeden Tag! Ärgere dich nicht über die vielen eigentlich unwichtigen Dinge, die dir im Alltag passieren und die du nicht ändern kannst.

Der Film »Tsunami – Das Leben danach«, in dem ich die Rolle der Billi Cramer gespielt habe, hat mich ebenfalls sehr beeinflusst, was das Themenfeld Sterben, Tod und Trauer betrifft. Die Geschichte von Billi Cramer, die Ende 2004 in Thailand ihren Mann sowie ihre beiden kleinen Söhne verlor – und daran fast zerbrach, ist einfach unglaublich. Erst als sie Michael Schäffer, der bei der Flutkatastrophe ein sehr ähnliches Schicksal erlitt, kennen- und lieben lernte, schöpfte sie langsam neue Kraft.

Diese Geschichte ist so unglaublich und trotz der schrecklichen Schicksalsschläge, die diese beiden Menschen ertragen mussten, ist sie doch voller Hoffnung. Vielleicht kommt man über den Verlust eines geliebten Menschen nie ganz hinweg, doch man kann lernen, damit zu leben, indem man sich bewusst wird, dass diese Welt trotzdem noch voller kleiner oder größerer Wunder ist.

Viele Menschen, gerade in der westlichen Welt, wollen nichts vom Tod und vom Sterben wissen. Das finde ich auf der einen Seite nachvollziehbar, da es ein sehr schwieriges, schmerzhaftes Thema ist, auf der anderen Seite aber auch schade, da jeder von uns im Laufe seines Lebens mit ebendiesem konfrontiert wird. Andere Kulturen gehen dagegen vorbildhaft mit dem Sterben, dem Tod und dem Abschiednehmen um. Durch die Dreharbeiten zu obengenanntem Film habe ich erlebt, wie die Menschen in Thailand sich von den Verstorbenen verabschieden, das hat mich stark beeindruckt: Die Toten werden für eine Woche in einem Sarg aufgebahrt, und in dieser Zeit kommen dann alle Familienangehörigen und Freunde zu dem Tempel. Sie weinen, lachen, essen und trinken neben dem Sarg. Sie erinnern sich gemeinsam daran, was sie an dem Verstorbenen besonders geliebt haben. Sie feiern dessen Leben auch im Tod. Dies ist eine Haltung, die Trost spenden kann und sehr viel zur Verarbeitung des Verlustes beitragen kann. Wenn man dazu glaubt, dass man geliebten Menschen nach dem Tod wiederbegegnet und sich dann im vollkommenen Glück in die Arme schließen kann, ist dies eine große Hilfe in der Trauerarbeit.

Hanno Friedrich

Schauspieler und Musiker

Es gibt keinen Tod ohne Leben

Wenn wir über den Tod oder das Sterben sprechen, bemühen wir gerne die Erkenntnisse der Denker und Schriftsteller, weil es schwierig ist, das eigene Ende zu begreifen. Dieses Aufhören und Nicht-mehr-hier-Sein.

Dabei denkt man gar nicht über den biologischen Aspekt nach, der scheint klar zu sein. Aber dass dieses ganze Fühlen, Sprechen, Schmecken und Denken plötzlich zu Ende sein soll, das fällt einem doch schwer zu verstehen. Ich war auch versucht, meinen Gedanken über den Tod ein großes Zitat eines berühmten Intellektuellen voranzustellen. Vielleicht vom Dalai Lama oder Diderot – oder vielleicht von Woody Allen, um dem Thema die Ernsthaftigkeit zu nehmen. Doch was wäre das anderes, als vom hohen Ross der Philosophie auf uns hinunterzuschauen und sich hinter einem fremden Intellekt zu verschanzen.

Ich vermute, der einzige Gedanke, der zählt, ist, dass wirklich jeder Mensch stirbt. Unweigerlich, ohne Ausnahme und auf jeden Fall. Und irgendwie finde ich das beruhigend und tröstlich.

Ich kam zum ersten Mal mit dem Tod in Berührung während meines Zivildienstes. Unter der Leitung von Oberschwester Maria half ich bei der Krankenpflege auf der Station 3 b der Inneren Medizin im Kreiskrankenhaus in Albstadt-Ebingen. Schon damals, 1986, hatte das Pflegepersonal bei Vollbelegung der Station manchmal so viel zu tun, dass der persönliche Kontakt zum Patienten, also Zuspruch und Trost, zu kurz kam. Schreibarbeiten, Medikamente zuordnen, Dienstpläne erstellen, Verbände wechseln, Kanülen ziehen, das sind Ausbildungstätigkeiten, die der Zivi erst mal nicht machen darf. Später, während der zwanzig Monate Zivildienst, konnte ich dann richtig mitmachen und habe sogar noch einen Monat »vollbezahlt« drangehängt.

Wenn also die Schwestern rotierten, konnte ich zu den Patienten gehen, mit ihnen reden oder mit ihnen über den Gang spazieren. Auf der Inneren Medizin liegen im Gegensatz zur Chirurgischen oft Langzeitpatienten oder »Stammkunden«, die alle paar Monate wiederkommen. Zu vielen dieser Patienten baute ich naturgemäß keine Freundschaft, aber doch ein enges Vertrauensverhältnis auf.

Einer unserer »Stammkunden« wurde eines Tages in sehr schlechtem Zustand wiedereingeliefert. Die Tochter war benachrichtigt, konnte aber nicht schnell da sein, also schickte mich Oberschwester Maria in sein Zimmer, aus dem wir ein Einzelzimmer gemacht hatten. Dort sollte ich bleiben, damit unser Patient nicht allein wäre, bis seine Tochter da sein würde. Er war sehr blass und unruhig, erkannte mich aber noch. Ich hielt seine Hand fest und sagte ihm, dass ich jetzt da wäre und bei ihm bleiben würde. Er wurde ruhig und dann starb er. Das passierte allerdings nicht schnell, sondern es war eher ein langsames Vergehen. Seine Tochter, die danach kam, war sehr erleichtert, dass er nicht alleine war. Und auch ich hatte das Gefühl, dass mein Dabeisein dem Sterbenden geholfen hatte. Vielleicht möchte man nicht allein sein, wenn man adieu sagt.

Ich fand diesen Tod gar nicht so schrecklich, wie ich gedacht hatte. Ich fand ihn – nun ja – einleuchtend. Wie bei einer Batterie: Irgendwann ist nichts mehr übrig, und dann hört man auf.

Dies sollte nicht mein letzter Toter während meines Zivildienstes bleiben, und wenn wir ahnten, dass jemand sterben würde und keine Angehörigen da waren, wurde ich von meinen Pflichten befreit und begleitete den Patienten, während er sich vom Leben verabschiedete.

Im November 1986 starb meine Oma im fernen Köln. Ich hatte mich für den Dienst über die Weihnachtsfeiertage einteilen lassen und war mehrere Tage ganz allein im Ziviwohnheim, das Krankenhaus war halb leer, und viel gab es nicht zu tun. Ich spürte meinem Verlust nach. Meine Oma hatte zwei Weltkriege und zwei unverschuldete Verkehrsunfälle überlebt, sie war seit zwanzig Jahren Witwe. Meinen Bruder und mich hat sie mit einer Engelsgeduld ertragen. Sie sagte immer, die Eltern erziehen, die Großeltern verwöhnen. Sie ist mit mir in Kinofilme gegangen, die sie nicht sehen wollte, und war stundenlang mit mir im Schallplattenladen. Dazu Zoo und Flora, jeden Sommer in Köln, nur meine Oma und ich. Dann wurde ich ein junger Erwachsener, und sie wurde krank, und ihre Tochter, meine Mutter, kümmerte sich um sie. Ich habe sie einmal im Krankenhaus in Köln besucht und mit ihr das Gleiche gemacht, was ich mit »meinen« Patienten machte: langsam an beiden Händen den Gang entlangspazieren und sprechen. Danach wusste ich, dass sie sterben würde, aber ich wäre gerne dabei gewesen und hätte ihre Hand gehalten.

Jetzt war also kein Patient gestorben, sondern ein Familienmitglied. Und ich stellte fest, der lebende Organismus ist zwar nicht mehr da, nicht mehr fühlbar und ansprechbar, aber es bleibt trotzdem etwas hier. Bis heute. Und natürlich ist das eine Binsenweisheit, aber ich wage es trotzdem: Jeder Tote, den ich als Lebenden kannte, lebt mit mir weiter. Durch die Erinnerungen, die in meinem Kopf sind und in meinem Herzen. Es sind seit dem Tod meiner Großmutter einige Tote dazugekommen.

Durch das Alter, das schwache Herz, durch tragische Unfälle oder tragische Krankheiten und einige wenige aus freien Stücken. Und diese Toten sind alle noch hier, und nicht nur bei mir, sondern bei allen, die sie gekannt haben.

Wenn ich sterbe, werde ich genauso weg sein, aber auch genauso weiterleben. Vielleicht sollten wir versuchen, das Leben bis zum Schluss so zu leben, dass seine Momente als Erinnerungen taugen, und am besten sogar als gute Erinnerungen. Auch das kurze Leben und das Leben mit einer Krankheit.

Ich glaube, wenn ich mein Leben so lebe, verliert mein Tod seinen Schrecken. Für mich sowieso, aber auch und gerade für meine Familie und meine Freunde.

Prof. Dr. Claus Hipp

Unternehmer, Jurist, Künstler

Der Todestag

Wir waren sieben Kinder. Meine ältere Schwester Beatrice war ein Jahr älter als ich. Sie ist mit 49 Jahren gestorben.

Ein Jahr später, an ihrem Todestag, rief mich meine Mutter an und sagte mir, sie wäre am Morgen in der Kirche gewesen und hätte besonders im Gebet an Beatrice gedacht. Sie sagte, es wäre noch ein Todestag für ein Familienmitglied heute.

Wir redeten weiter, ohne Erklärung, wessen Todesgedenktag es sei. In meinem Atelier war ich am Malen eines dunklen Bildes mit hellem Lichteinfall. Nach circa drei Stunden läutete das Telefon, und das Hausmädchen meiner Mutter rief an und sagte mir, gerade sei unsere Mutter ganz überraschend gestorben.

Bei uns zu Hause sprachen wir oft über das Sterben, und gerade meine Mutter berichtete oft, dass jemand verstorben sei, ohne dass sie eine offizielle Benachrichtigung hatte. Das war für uns nicht verwunderlich, sondern ganz natürlich.

Christiane zu Salm

Medienunternehmerin und ehrenamtliche Sterbebegleiterin

Stirbt wirklich die Hoffnung zuletzt?

Ich denke recht oft an das Sterben. Obwohl ich, Gott sei es gedankt, mitten im Leben stehe. Oder gerade deswegen. Denn dass das Mitten-im-Leben-Stehen jeden Tag vorbei sein kann, dessen bin ich mir sehr bewusst. Schon seit meiner Jugend tendiere ich dazu, das Leben vom Ende her zu denken. Das liegt vielleicht daran, dass mein kleiner Bruder vor meinen Augen starb, als ich Kind war.

Wenn ich also an das Sterben denke, dann frage ich mich: Wie ist das mit dem Weggehenkönnen aus dieser Welt? Wie können wir das Leben loslassen, wo der Tod doch etwas ist, das wir uns gar nicht so richtig vorstellen können? Wir können den Tod nicht denken; ich kann es zumindest nicht.

Ich stelle mir das Sterben als etwas vor, das gelernt werden will. Eine Fähigkeit, die wir Menschen erwerben müssen, wie das Gärtnern oder das Schachspielen. Und ich stelle es mir als Erfüllung vor, diese Fähigkeit zu erwerben, denn sie hilft uns, die Angst vor dem Tod zu nehmen oder zumindest abzumildern. Und, eine schöne und beruhigende Idee, wenn wir das schaffen, dann können wir hierin auch Vorbild für unsere Angehörigen sein. Sie werden auch leichter ihren Frieden damit schließen können, dass es uns bald nicht mehr in ihrem Leben gibt. Ein guter Freund, der seinen Sohn durch eine Krebserkrankung verlor, sagte mir: Die Erinnerung daran, dass mein Sohn gelernt hatte zu sterben, dass er im Frieden mit sich selbst diese Welt verlassen konnte, diese Erinnerung spendet mir sehr großen Trost.

Wie aber soll man das Sterben lernen, wenn doch die Hoffnung darauf, dass wir doch noch gesunden, stärker ist als der Schmerz? Sterben lernen heißt ja schließlich auch aufgeben lernen. All das aufgeben, was wir kennen und liebgewonnen haben, unsere liebsten und uns nahestehenden Menschen, unsere Heimat, die uns vertraute Natur, der Baum am Anfang der Straße, die bunten Krokusse, die sich jeden Frühling erneut aus dem Boden kämpfen, unsere kleinen Rituale, die uns fröhliche Momente im Alltag beschert haben, das frische Brot vom Lieblingsbäcker. Alles aufgeben – und das zugunsten einer unbekannten Zukunft, aus der uns noch niemand erzählen konnte.

Wie aber sollen wir sterben lernen, wenn wir Angst haben vor all dem, was da kommt, von dem wir nicht wissen, wie es sein wird, wie es sich anfühlen wird, ob wir uns sicher fühlen können, in diesem Leben und an diesem Ort danach?

Auf diese Fragen habe ich keine konkrete Antwort. Ich habe nur das Gefühl, dass wir durch das Zurückblicken auf all die vielen schönen, erbaulichen, glücklichen Momente, die wir erlebt und gelebt haben, viel Kraft zum Loslassen schöpfen können, ja, dieses Loslassen vielleicht sogar als Befreiung, als Erleichterung, als Entlastung empfinden können.

Wir sollten es übrigens als Chance begreifen, dass wir uns auf unser Hinüberscheiden in ein anderes Dasein vorbereiten dürfen. Viele Menschen würden am liebsten tot umfallen, wenn sie sich die Art und Weise ihres Sterbens aussuchen könnten. Ich nicht: Ich würde gerne ganz bewusst zurückblicken und Abschied nehmen.

Ein Weg könnte sein: Schreiben Sie Ihre zufriedenen, glücklichen oder einfach nur schönen Momente auf ein Blatt Papier. Tun Sie es. Sie werden staunen, wie viele es doch sind. Die Versöhnung mit einem geliebten Menschen nach einem Streit, die Leichtigkeit, die ein Urlaub gebracht hat, das Lachen mit dem besten Freund oder der besten Freundin, das Glück in den Gesichtern seiner Kinder, Erinnerung an die eigene Kindheit, der Frieden beim Hören einer bestimmten Musik. Tun Sie es einfach. Wenn Sie nicht mehr schreiben können, dann bitten Sie mich, Ihre besten Momente für Sie aufzuschreiben. Und dann lesen Sie das Aufgeschriebene, immer wieder. Sie werden sehen: Ihr bisheriges Leben war sehr reich! Jedes Leben ist reich an diesen kleinen Momenten, die große Zufriedenheit, manchmal sogar Glück stiften. Man muss sie nur erkennen und als solche auch würdigen. Und wenn Sie es schaffen, dankbar zu sein – auch darin liegt Kraft. Das Gedächtnis des Herzens erinnert sich nur an die guten Momente, nicht an die schlechten. Welch eine Chance für unseren ganz persönlichen Seelenfrieden!

Sterben heißt Leben, und Leben heißt Sterben. Das zu lernen, darin kann ich Schönheit sehen. Und nein, zuletzt stirbt nicht die Hoffnung, wie es heißt. Zuletzt geht nur unser Körper. Unsere Seele stirbt nicht. Daran glaube ich ganz fest.

Saskia Rutner

Schauspielerin

Ein letztes Stück Schönheit

Als ich Gitta das erste Mal sah, saßen wir auf dem Balkon meines besten Freundes und schlemmten Himbeertörtchen, die sie von ihrem Urlaub an der Côte de Provence mitgebracht hatte. Sie war seine Mutter und schon sehr bald würde sie ein wichtiger Mensch für mich werden. Ich war beeindruckt von dieser Frau. Ihre klassischen Gesichtszüge – sie erinnerten mich an Virginia Woolf – ihre klaren, blaugrauen Augen, ihr kurzes, modern geschnittenes mondscheinweißes Haar, ihre schlanke Figur, ihre sportliche Eleganz – sie wirkte zehn Jahre jünger als Mitte sechzig. Gitta arbeitete, obwohl Rentnerin, als freie Journalistin für eine große Tageszeitung. Sie war sportlich, neugierig und hatte Freude am Leben. Jedes Jahr fuhr sie mit ihrem Auto in einer Tour 1500 km nach Südfrankreich und zurück – bis zu ihrem 72. Lebensjahr.

Als sie beschloss, nicht mehr zu schreiben, kam das zwar unerwartet, aber hatte sie es nicht verdient, die Arbeit zu beenden? Nur hörten im Laufe der nächsten beiden Jahre auch andere Dinge auf. Ich wunderte mich darüber, dass sie nicht mehr gerne in die Stadt fuhr, dass sie nicht mehr an ihren geliebten See ging, an dem sie im Sommer so gern auf der Wiese lag und las, dass sie alten Vorlieben gegenüber immer gleichgültiger wurde. Die

Welt, die sie für sich zuließ, wurde immer kleiner. EIN Supermarkt, in den sie nur noch gehen wollte, EIN Waldweg zum Spazierengehen mit dem Hund, EINE Werkstatt für das Auto, selbst wenn die nicht gut war. War das noch unsere Gitta? Wie schleichend, ja klammheimlich diese Veränderungen kamen – ohne dass ich mich damit wirklich auseinandersetzte. Vielleicht weil ich sie verdrängte? Wir wollten sie doch so, wie sie immer war. Dabei musste man ihr doch aber ihr eigenes Leben so zugestehen, wie sie auch jedem anderen immer das seine zugestanden hatte, ohne sich einzumischen. Sie selbst hatte jeden Schritt ihrer lieben Menschen akzeptiert, solange niemand anderes verletzt wurde. Sie war sehr tolerant, wollte niemandem zu nahe treten. Konnte sie nicht das Gleiche für sich erwarten?

Zu der Verhaltensänderung kamen körperliche Symptome, die sich innerhalb weniger Monate dramatisch häuften. Auffällig war ihr gravierender Gewichtsverlust, den sie auf starke Schluckbeschwerden zurückführte. Ihre zunehmend schleppende Sprache, weil sie ihren Kiefer immer schlechter bewegen konnte. Laute, ganze Silben, die sie plötzlich verschluckte oder besser: nicht mehr herausbrachte. Mir fehlte ihr lautes, fröhliches Lachen. Mich beunruhigten ihre wachsende Lethargie und ihre Vergesslichkeit. Hatten wir sonst Abende damit verbracht, über die neuesten Bücher zu reden, so konnte sie sich plötzlich nicht mehr an Inhalte erinnern, die sie noch einen Tag zuvor gelesen hatte.

Das Hin und Her von Arzt zu Arzt, das folgte, nahm sie ohne große innere Beteiligung in Kauf, so als ginge es gar nicht um sie. Ebenso wie die Diagnose, die dann ALS lautete. Amiotrophe Lateralsklerose – sie hat es nie ausgesprochen. Aber sie hatte, glaube ich, verstanden: Man hatte ihr einen Namen gegeben, aber keine Hoffnung auf Heilung!

Woher sollte sie da noch die Kraft zum Kämpfen nehmen? Wir, die Gesunden um sie herum, waren ratlos, warum sie nicht kämpfte. Aber tat sie es nicht? Musste sie es nicht täglich? Wir hatten leicht reden, wir brauchten nicht zwei Stunden am Morgen, um eine einzige Scheibe Toast mit Käse oder eine Banane zu essen, weil alle Muskeln, die man dafür braucht, immer schwächer wurden.

Ich fühlte mich zunehmend hilflos, weil sie sich nicht helfen lassen wollte, nur halbherzig zu Ärzten und Therapeuten ging, zu denen wir sie begleiteten, auch nicht Pfleger in Anspruch nehmen wollte, obwohl sich ihr Zustand immer mehr verschlechterte. Ich verstand sie nicht. Sie hatte Menschen um sich, die sie liebten, die sich an jede Therapie, jeden Grashalm klammerten, der Besserung versprach.

Mein Unverständnis darüber, dass sie zwar zu schwach war, zum Arzt oder zum Supermarkt um die Ecke zu gehen, aber dreißig Minuten durch den Großstadtverkehr mit dem Auto zu ihrem Friseur fahren konnte, wandelte sich in Groll.

Mein wachsender Zorn darüber, dass sie dem Leben gegenüber gleichgültig geworden war, sich nicht bewegen ließ, hatte seinen Höhepunkt in unserem letzten Telefonat. Wieder versuchte ich, sie davon zu überzeugen, einen Pflegedienst in Anspruch zu nehmen, der ihr täglich helfen würde. Sie wollte niemanden in ihre Wohnung lassen, wollte auch nicht mehr zum Arzt. Ich verstand sie kaum, ihre Sprechstörung hatte sich innerhalb weniger Tage dramatisch verschlechtert. Als sie erwähnte, dass sie noch einmal zum Friseur gefahren sei, spürte ich Wut in mir hochsteigen. Wie konnte sie DAZU fähig sein?! Ich versuchte verzweifelt, sie davon zu überzeugen, dass Heilung oder zumindest ein Rückgang der Symptome möglich sei, wenn sie doch nur an das Leben glaube, wenn sie doch nur Hilfe zuließ. Ich hörte mich reden und fühlte mich plötzlich dumm, naiv, verlogen. »Ach meine Saski«, sagte sie liebevoll, traurig, mit plötzlich klarer Stimme.

Erst drei Tage später, als ich ihr erlöstes Gesicht streichelte, verstand ich sie.

Ich erkannte, dass es mein Egoismus und meine Angst vor dem Verlust gewesen waren, die mich nicht annehmen ließen, dass sie nicht mehr auf dieser Erde sein wollte. Weil sie nicht mehr diejenige sein konnte, die sie war. Die starke, unabhängige, lebensfrohe Gitta mit dem unvergesslichen, drauflosprustenden Lachen. Dass sie sich als Frau einen kleinen Anker hatte bewahren können, ein letztes Stück Schönheit an ihrem Körper – den Besuch bei ihrem Friseur. Zu dem ich nun selber gehe, weil ich mich ihr dort besonders nahe fühle.

Birgit Schafitel-Stegmann

Logopädin, Leiterin und Mitbegründerin der ökumenischen Hospizgruppe Balingen

Als mein Vater starb

Als mein Vater starb, wusste ich fast nichts über Sterben und Tod.

Natürlich, in der Kindheit und Jugendzeit machte ich mir schon Gedanken darüber, wie es wäre, wenn ein Elternteil oder ich selbst stürbe. Das Sterben und der Tod von Oma und Opa jedoch wurde uns Kindern vorenthalten, das war in jener Zeit, in der diese Themen immer mehr tabuisiert worden sind.

Die letzte Zeit des Lebens meines Vaters war geprägt von seinen großen Schmerzen. Die Schmerzen waren so stark, dass er seine ganze Kraft brauchte, um sich dagegenzustemmen. Es blieb keine Energie mehr übrig, um sich darüber klarzuwerden, dass sein Leben nun dem Ende zuging, keine Energie mehr, um vielleicht noch Dinge zu regeln, keine Energie mehr, um Abschied zu nehmen …

Es war nur noch ein Schmerzenaushalten …

Wir Angehörigen waren einerseits mit seinem Leiden konfrontiert, bekamen aber andererseits keine Information darüber, dass es mit meinem Vater bald zu Ende gehen würde. Auch uns war es also nicht möglich, uns richtig mit dem Abschied auseinanderzusetzen. Da habe ich mich gefragt, ob es sein muss, dass Menschen in einem Land des medizinischen Fortschritts, der medizinischen Segnungen, am Ende ihres Lebens so leiden müssen. Auf der anderen Seite, und das tröstet sehr, wurde es uns im Krankenhaus ermöglicht, Tag und Nacht bei ihm zu sein. Er starb, schwer leidend, aber nicht allein gelassen.

Ich kam zu der Meinung, dass es möglich sein müsste, Schmerzen und Übelkeit wenigstens zu lindern. Dass niemand ohne Beistand, allein gelassen, sterben müsse. Dass die Kranken und ihre Angehörigen ein Recht darauf haben sollten, behutsam über die Schwere des Krankheitsbildes und über den eventuell zu erwartenden Tod informiert zu werden.

Ein paar Jahre nach dem Tod meines Vaters wurde bei uns die ökumenische Hospizgruppe gegründet, und für die folgenden Jahre nahmen die Themen Sterben, Tod und Trauer sehr viel Raum in meinem Leben ein. Heißt aber ganz und gar nicht, dass ich fortan in Sack und Asche lief und nur noch mit Trauermiene anzutreffen war, nein, ganz im Gegenteil. Die intensive Beschäftigung damit hat mein Leben sehr bereichert, mir gezeigt, wie bunt, wie freundlich, wie humorvoll, wie wertvoll es ist; gerade weil es endlich ist. Hat mich empfänglich gemacht, für die Freude an der Natur, für die Freude an den Menschen und mir noch mehr Lebenslust und Lebensfreude geschenkt. Hat mich spüren lassen, dass mir ein großes Herz geschenkt wurde, aus dem heraus ich schöpfen und geben kann, das mich aber auch lehrt, nach mir selbst zu schauen. Hat meinen Glauben gestärkt. Hat mich Gelassenheit gelehrt und die Fähigkeit, standzuhalten und auszuhalten, auch wenn es ganz schwer wird. Hat mir Wissen gebracht, unter vielem anderen, über Schmerztherapie oder zum Beispiel darüber, dass Menschen für ihre letzte Lebensreise nicht mehr unbedingt Nahrung für ihren Körper brauchen, sondern vor allem Nahrung für ihre Seele … Und so vieles mehr.

Ich habe den Umgang mit Sterben, Tod und Trauer mitten in mein Leben hereingeholt, und das tut mir gut.

Dr. Henning Scherf

Ehemaliger Erster Bürgermeister, Bremen

Abschied von meinem Bruder

Wir sechs Geschwister sind in schweren Zeiten aufgewachsen. Unser Vater war Gemeindevorsteher in der bekennenden Kirche. Die Nazis sperrten ihn ein und boykottierten sein Geschäft. Dann fielen die Bomben, und wir überlebten zweimal nur mit Glück.

Die Nachkriegszeit als Ausgebombte in einer Kleinstadt, nur gelitten, aber nicht wirklich gemocht.

Da haben wir Kinder viel voneinander gelernt, trotz unserer Unterschiedlichkeit. Unser jüngster Bruder war von Anfang an der vitalere. Später sollte er das Drogeriegeschäft unseres Vaters übernehmen, sich um die Mutter kümmern. Er hat das alles mit großer Entschiedenheit gemacht. Eine Familie gegründet, Niederlagen überwunden, immer wieder Neuanfänge gewagt.

Dann war vor zwei Jahren der Krebs da. Wir haben darüber geredet, sooft Zeit und Gelegenheit war. Er hat gehofft, auf Wundertaten der Mediziner gesetzt und immer weitergeackert. Einen großen Schreck habe ich bekommen, als er mit niemandem reden wollte, ganz allein seine Chemotherapiequalen aushalten wollte.

Ich habe das nicht ausgehalten. Ihm geschrieben und Anlässe gesucht, ihn zu besuchen. Das gelang und hat uns beiden gutgetan. Wir wussten beide, dass die Zeit für ihn dahinraste. Aber wir wollten sie nutzen, um unser Leben zu resümieren.

Wir wollten unsere gemeinsamen Erlebnisse austauschen. Gut hat es uns getan, dass wir offen miteinander geredet haben, besser als je zuvor.

Jetzt, nach seinem Tod, denke ich, ob ich nicht mehr Zeit und Nähe hätte suchen müssen. Seine Frau, seine drei Kinder, die Schwiegerkinder und Enkelkinder sind mir nun ohne seine Vermittlung nahe. Ich habe ihm versprochen, mich um sie zu kümmern. So lebt er weiter in meinen Gedanken.

Ich bin dankbar, dass wir miteinander reden konnten, dass wir uns vertraut haben. Ich wünsche mir für meinen eigenen Tod, dass ich ihn annehmen kann und die Zeit davor hörbar ist.

Michael Tietz

Schauspieler

Vergebung

Dies ist der Tag, den der Herr macht;
lasst uns freuen und fröhlich an ihm sein.
O Herr hilf!
O Herr lass wohl gelingen!
(Psalm 118)

Wie jeden Morgen seit fast dreißig Jahren habe ich nach dem Aufstehen und der Morgentoilette meditiert.

Heute Vormittag werde ich meine 93-jährige Mutter im Seniorenheim der AWO in Berlin besuchen, um mit ihr zu Mittag zu essen. Sie bewohnt in der Einrichtung ein eigenes Zimmer mit eigenen Möbeln. Ich fühlte mich schlecht, als Sohn und Mensch, als ich sie 2002 dort »abgab«. Meine Mutter ist seit dreizehn Jahren an Demenz erkrankt.

Die Besuche im vierten Stock des Heimes mit ungefähr zwanzig Patienten, Frauen und Männer, mehr oder weniger dement, fielen mir in den ersten Monaten schwer. Wenn möglich zweimal die Woche, sah ich mich mit einem Leben konfrontiert, das ich bis dahin nur aus Erzählungen und Fernsehdokumentationen kannte.

Ich hatte mich gerade schmerzlich damit abgefunden und

war mit mir damit im Reinen, dass meine Mutter mich, als ihren Sohn, nicht mehr wahrnahm. Ich war nur noch der »Mann« für sie. Plötzlich wurde mir klar, ich muss mich einbinden und ein Teil im jetzigen Leben meiner Mutter und ihrer Welt werden.

Ich schlug der Leitung des Heimes vor, an einem Nachmittag in der Woche lese ich Kurzgeschichten in der Cafeteria. Das wurde dankbar angenommen. Im Durchschnitt hatten um die zwanzig Personen teilgenommen. Ich fühlte mich sehr viel besser. War Bestandteil im Leben meiner Mutter und ihrer jetzigen Lebensgefährten. Krankheit und Tod verloren ihre Bedrohung. Aufmerksamkeit und Neugier auf diese neue Welt weckten in mir Gefühle, die ich bis dahin nicht in mir kannte.

Mit der Zeit blieben immer mehr die Zuhörer aus, weil die Zivildienstler gestrichen wurden. Es fehlte schlichtweg das Personal, die größtenteils gebrechlichen Bewohner aus den sieben Stockwerken in die Cafeteria zu begleiten. Immer wieder diskutierte Missstände. Es bleiben Wut und Scham über Teile unserer Gesellschaft und Politik. Die Lesungen wurden gestrichen.

Ich singe nun bei meinen Besuchen mit meiner Mutter in ihrem Zimmer. Das Repertoire reicht von Kinderliedern über Volkslieder bis hin zu Gassenhauern und Schlagern. Auch Weihnachtslieder und Gedichte, einige Gebete können wir gemeinsam singen oder aufsagen.

Meine Mutter war vor ihrer Krankheit, zu meinem Leidwesen, eine eher pessimistische, sachliche und strenge Natur. An Zärtlichkeiten kann ich mich nicht erinnern, »Jungen schmusen nicht«.

Später, als Erwachsener, als ich mehr über die Biographie meiner Mutter erfahren hatte, konnte ich ihr und mir vergeben.

Bei einem dieser Besuche, nachdem wir ein paar Lieder gesungen hatten, nahm ich ihre Hände und legte sie an meine Wangen. Das Gleiche tat ich bei ihr. Wir schauten uns ruhig und tief in die Augen. Ich hatte das Gefühl, ihr in dem Moment sehr nah zu sein. Ich spürte eine sehr wohlige, warme Emotion im Herzen und fragte meine Mutter, ob sie es auch fühlt. Ein leises inniges, nie so gehörtes »Ja« war die Antwort. Für mich ein Schlüsselerlebnis. Ich habe im Bruchteil von Sekunden erfahren, was Vergebung wirklich bedeutet, wie es sich anfühlt. Der Unterschied, nicht mit dem Kopf, sondern mit dem Herzen zu vergeben, war gigantisch. Dieser kurze Moment der Erkenntnis war enorm und folgenreich für mein weiteres Leben. Ich fühlte eine nie gekannte Freiheit und habe für meine Mutter zum ersten Mal etwas empfunden, das Liebe sein kann. Dieser Augenblick der Empfindung hat Auswirkungen auf meinen Alltag. Meine Meditationen haben eine andere Dimension. Da ich an die Ewigkeit glaube, hat der Tod keinen Schrecken für mich, und nach dem Erlebnis der Vergebung mit meiner Mutter habe ich auch keine Angst davor.

Alle Wunden sind geheilt, und ein Mutter-Sohn-Kreis ist geschlossen.

II.
Menschenwürdig sterben

Hat der Mensch ein Recht, seinem Leben selbst ein Ende zu setzen, wenn die letzte Phase seines Lebens nur noch von Schmerz und Leid bestimmt ist? In ihrem 1995 erschienenen Buch »Menschenwürdig sterben« haben Walter Jens und Hans Küng diese Frage mit »Ja« beantwortet. Nun ist Walter Jens, der große Professor der Rhetorik, verstummt. Er lebt in seiner eigenen Welt, erkrankt an Demenz. Seine Frau Inge berichtet über das Quälende dieses Zustandes und wie sie damit lebt.

Dr. Inge Jens

Publizistin

Ein Nachwort in eigener Sache

Die Fakten sind eindeutig. Sind sie es wirklich? In der von mir und meinem Mann am 3. August 2006 unterschriebenen »Vorsorglichen Verfügung für die medizinische Betreuung – Wünsche und Forderungen an Bevollmächtigte und Ärzte, an Familie und Freunde, für den Fall meiner Entscheidungsunfähigkeit« heißt es unter römisch II: Verfügung für medizinische Versorgung und Beistand:

»Ich bitte um ärztlichen und pflegerischen Beistand unter Ausschöpfung der angemessenen medizinischen Möglichkeiten, solange eine Aussicht auf Heilung besteht oder eine Behandlung chronischer oder schwerer Krankheiten möglich ist, die mir Lebensfreude und Lebensqualität erhält. Ich möchte nicht mit neuen Medikamenten oder Methoden behandelt werden, die sich noch in der klinischen Erprobung befinden. (…)

Wenn ich mich aber

- im Endstadium einer unheilbaren, tödlich verlaufenden Krankheit befinde oder
- wenn ich geistig so verwirrt bin, dass ich nicht mehr weiß, wer ich bin, wo ich bin, und Familie und Freunde nicht mehr erkenne, oder

- wenn ich längere Zeit bewusstlos bin oder
- wenn ich an unerträglichen Schmerzen leide,

dann verlange ich, dass alle medizinischen Maßnahmen unterbleiben, die mich am Sterben hindern. Sollte diese Situation eintreten, so bitte ich um mitmenschlichen und pflegerischen Beistand und darum, dass nichts gegen den Lauf der Natur des Sterbeprozesses und das Verlöschen meines Lebens unternommen wird. Gleichzeitig bitte ich aber, alle Möglichkeiten der modernen Schmerztherapie auszuschöpfen und dafür zu sorgen, dass ich ohne körperliche und seelische Schmerzen und Leiden bin.

Wenn möglich, möchte ich in einer mir vertrauten Umgebung meine letzten Tage und Stunden verbringen.«

Am gleichen 3. August unterschrieben wir eine »Betreuungs- oder Vorsorgevollmacht«, in der wir den jeweils anderen (und in späterer Abfolge dann unsere beiden Söhne) ermächtigten und verpflichteten, dafür zu sorgen, dass unsere Verfügung hinsichtlich der medizinischen Versorgung und des Beistands im letzten Abschnitt unseres Lebens, dann, wenn klarwird, dass der Prozess des Sterbens unumkehrbar oder ein durch Schmerzen oder geistige Umnachtung sich selbstentfremdetes Leben unzumutbar wird, in die Tat umgesetzt werden kann.

Heute, fast zwei Jahre später, hat mich das damals – nein, nicht leichtfertig, aber doch in weitgehender Unkenntnis der Krankheit, unter deren Gesetzen mein Mann seither lebt – gegebene Versprechen eingeholt. Die Frage, wie ich es in die Tat umsetzen kann, ist dringend, ja, unabweisbar geworden: Walter Jens, Hans Küngs Partner in vielen Diskussionen über das Recht des Menschen, sein Lebensende mit Hilfe seiner sozialen, geistigen und moralischen Fähigkeiten bewusst zu gestalten, mein Mann, befindet sich in einem Zustand, wie ihn seine »Vorsorgliche Verfügung« unter II,2 als zur Hilfe Dritter verpflichtend aufführt: Er *ist* geistig verwirrt, er weiß *nicht* mehr, wer und wo er ist, und *erkennt* seine Familie und seine Freunde *nicht*. Die Ärzte sagen, er sei dement. Physisch aber ist er weitgehend gesund und an Schmerzen leidet er nicht. Dennoch: Ich weiß, dass er so, wie er jetzt lebt, niemals hat leben wollen: »Du darfst es nicht zulassen, du musst mit Dr. X sprechen, du musst mir helfen.«

Ja, ich will ihm helfen ... aber wie? Wie kann diese Hilfe konkret aussehen? Mein Mann hängt nicht an Apparaten, die ich abstellen könnte, er hat keine unerträglichen Schmerzen, zu deren Bekämpfung ich die Medikamentendosis erhöhen könnte, er hat – Gott sei Dank – gar keine Schmerzen, es *»geht ihm gut«*. Jedenfalls gibt es keinen objektiven Grund, sein Leben abzukürzen. Aber er leidet. Er leidet wirklich. Unzumutbar? Er kann es mir nicht sagen. Er hat keine Sprache mehr. Wie also soll ich helfen? Was möchte er von mir? Ich werde es nicht erfahren und folglich niemals sicher wissen, worum er mich – über die Erfüllung spontaner Bedürfnisse hinaus – bitten will.

Und ich? Ich organisiere sein Leben, überlege mir, was ihm guttun und sein Befinden erträglich machen könnte. Ich bemühe mich, den Alltag so zu strukturieren, dass er zu Hause, in einer ihm vertrauten Umgebung, bleiben kann und nicht in ein Heim muss. Und da ich aufgrund meines Alters nicht mehr in der Lage bin, ihn allein zu versorgen, engagiere ich Helfer, damit er nie allein ist, täglich frische Bettwäsche erhält, gewaschen, rasiert, mit sauberer Kleidung versorgt wird und genügend zu essen und zu trinken bekommt. Ich sorge dafür, dass er regelmäßig an die Luft kommt, sich ausreichend bewegt und ein Physiotherapeut ihm hilft, seine Beine so zu koordinieren, dass sie seinen Körper tragen und von einem Punkt zu einem anderen bewegen. Ich konsultiere Ärzte und bitte alte Schüler und Weggefährten, ihm vorzulesen. Da früher er der uns Vorlesende war, akzeptiert er mich in dieser Rolle nicht. Intellektuell vermag er den Texten nicht mehr zu folgen, aber die Sprachmelodie, der Satzduktus, manchmal auch ein besonderes Wort, erreichen ihn. Ich versuche, mit ihm Musik zu hören, an die sich gemeinsame Erinnerungen knüpfen. Aber er schläft ein oder reagiert, wenn es etwas wilder wird, mit Angst.

Ich lade Gäste ein, wir mühen uns um eine Unterhaltung, die meinen Mann einschließt. Manchmal beteiligt er sich dann, indem er – konform mit dem Sprechduktus – Einwürfe macht oder Gesagtes bestätigt. Ich ertappe mich bei der Vorstellung, dies mache ihn glücklich, weil es ihn an früher erinnert. Jedenfalls wirkt er zufrieden.

Täusche ich ihn – jedenfalls für Minuten erfolgreich – über seinen wahren Zustand hinweg? Entwürdige ich ihn? – Physisch, noch einmal, leidet er nicht. Aber psychisch? Ich sehe, er ist in der Lage, sich, wenn auch nur für kurze Zeit, zu freuen. Es gibt Augenblicke, in denen ihm das Leben nicht zur Qual wird, in denen er lächelt, ja lacht und sich deutlich »dazugehörig« empfindet. Er übernimmt alte, ihm vertraute, ihn befriedigende, ja vielleicht sogar beglückende Rollen, er »lebt« ... sicherlich nicht im Einklang mit *unserer* Realität, aber mit der *für ihn* im Augenblick *gültigen*. In solchen Momenten bin ich mir ganz sicher, dass er nicht sterben möchte. – Selbstbetrug? Ausflucht? Unzulässige Interpretation?

Doch es gibt auch andere Situationen: wenn er weint oder auch nur – scheinbar endlos – »nein, nein, nein« stammelt und expressis verbis den Wunsch äußert zu sterben, nicht mehr da zu sein: »Ich will weg.« Allerdings korrigiert er diese Aussage fast immer und beinahe im gleichen Atemzug: Aus dem »Ich will sterben« wird ein »Ich kann nicht mehr«, »Ich will tot sein«. Und dann – als begriffe er plötzlich die ganze Tragweite auch dieses Wunsches – folgt fast immer der Ausbruch: »Hilf mir, ich muss sterben! – Nein! Ich will nicht sterben!« Die Angst schüttelt ihn, und es braucht lange Zeit, ehe er sich wieder beruhigt und die Versicherung, niemand wolle, dass er stürbe, ihn erreicht. Über den Verstand kann man ihm keine Zuversicht vermitteln, aber auf der Gefühlsebene ist er zu überzeugen. Er kann sogar replizieren: »Ach, das ist schön.«

In solchen Augenblicken bin ich davon überzeugt, dass mein Mann nicht um Hilfe zum Sterben, sondern um Hilfe zum Leben bittet. Zu einem Leben, das diesen Namen verdient, weil es, wie jedes Leben, zwar Qual, Trauer, Negation, ja Verzweiflung kennt, aber auch so viel Positives, »Lebenswertes«, Freudiges und Befriedigendes enthält, dass der Wunsch, es zu beenden, zwar aufkommen kann, aber (noch?) nicht die Oberhand gewinnt.

Doch zu ebendieser Ausgewogenheit kann ich ihm nicht verhelfen. Ich kann ihm allenfalls seinen Zustand erträglicher machen. Aber ich weiß, dass ihn in früheren Jahren die Vorstellung, möglicherweise einem geistig und intellektuell derart reduzierten »Leben« ausgesetzt zu sein, weit stärker belastet hat als alle Imaginationen physischen Leidens. In diesem Punkt hat er uneingeschränkt auf die »Menschlichkeit« seiner Ärzte gebaut.

Was er sich selbst in Phasen manifester Depressionen, denen er in den letzten Jahren zunehmend ausgesetzt war, nicht vorzustellen wagte, war jener Zustand, in dem er heute lebt. Um es noch deutlicher zu sagen: Unerträgliche Schmerzen konnten – in seiner Vorstellung – durch den Beistand humaner Helfer und die personale Einwilligung, das Leben zurückzugeben, beendet werden, Erlöschen des Geistes aber: Das bedeutete für ihn andauerndes Sterben und Tot-Sein auch dann, wenn man nach medizinischen Kriterien noch lebte. Ein geist-loses Vegetieren war mit seiner Vorstellung von menschenwürdigem Leben nicht vereinbar. Und die Hilfe, die er heute reklamiert, ist – denke ich – die Bitte, ihn nicht länger einem solchen Leben auszusetzen.

Was gibt mir das Recht, ihm diese Hilfe zu verweigern? Ich könnte seiner Forderung mit dem Hinweis darauf begegnen, dass die Erfahrung mich zunehmend unsicher hinsichtlich der Beurteilung seines Zustands gemacht hat. Damals, als wir uns gegenseitig Hilfe versprachen, handelten wir in Übereinstimmung mit dem uns zu diesem Zeitpunkt zugänglichen Wissen über Grenzsituationen und die uns zustehende Handlungsfreiheit. Um nicht missverstanden zu werden: Ich halte unsere damalige Entscheidung auch noch heute für im Grundsätzlichen richtig und unter den damals protokollierten Bedingungen verpflichtend. Hinsichtlich der Voraussetzungen jedoch, das heißt in der Analyse jener Grenzsituation, in der Hilfe zum Sterben geleistet werden sollte, habe ich heute die mir damals noch unvorstellbaren Erfahrungen der letzten Jahre mit zu berücksichtigen. Ich bin vorsichtiger, vielleicht zögerlicher geworden; ich habe gelernt, die Kategorien »Lebensunwert« und »Lebenswert« neu zu durchdenken, meine Vorstellungen von »Würde« und »Glück« zu differenzieren und die Nichtlösbarkeit gewisser Antinomien, jedenfalls für mich, zu akzeptieren.

Um abermals Missverständnissen vorzubeugen: Ich habe keine Schwierigkeiten, Hans Küng zuzustimmen, wenn er für unheilbare, vor allem schmerzgequälte Kranke das Recht auf Hilfe zum und beim Sterben einklagt – notfalls auch gegen das Votum eines Arztes. Ich plädiere mit ihm für die Benennung eines Bevollmächtigten, der den eindeutigen Willen eines Patienten, der nicht mehr im Besitz seiner geistigen und moralischen Fähigkeiten und damit seiner Entscheidungskompetenz ist, rechtskräftig durchzusetzen nicht nur das Recht, sondern auch die Pflicht hat. Für derartige Situationen sollte – und zwar sehr schnell – ein Gericht für alle Beteiligten Rechtssicherheit gewährleisten können.

Für mich beginnen die Probleme da, wo es sich bei dem Kranken um einen Menschen handelt, der keine quälenden Schmerzen und Beeinträchtigungen zu erdulden hat, ja, der im herkömmlichen Sinne »körperlich gesund« ist. Hat er einen Bevollmächtigten, so ist der legitimiert und verpflichtet, den protokollierten Willen des Kranken durchzusetzen. Aber ist der von einem Gesunden verbriefte Wille noch mit dem des Leidenden identisch? Wie gewichtet der »Anwalt« die je nach Befindlichkeit variierenden Aussagen und Forderungen des Menschen, den er vertritt? Konkret: Wie gehe ich, die ich mich verpflichtet habe, ein solcher Anwalt zu sein, mit den Todeswünschen und Sterbehilfe-Bitten meines Mannes um? Wie verbindlich sind die Aussagen »Ich will sterben«, »Es geht nicht mehr«, »Nein, nein, nein!«, wie verpflichtend ist der Appell: »Hilf mir, ich will tot sein!«?

Ich habe – zum Zeitpunkt, da ich dies schreibe – keine Antwort auf diese Frage. Auch dieses Buch (*Menschenwürdig sterben,* Anm. d. Redaktion) gibt sie mir nicht. Ich weiß nur – in Übereinstimmung übrigens mit Hans Küng –, dass ich meinem Mann – in seinem gegenwärtigen Zustand – seinen Sterbewunsch nicht erfüllen und auch nicht zulassen kann, dass es ein anderer für mich tut. Der Koautor (Walter Jens, Anm. d. Red.) dieses Bandes ist in keinem finalen Stadium. Sein Befinden ist großen Schwankungen unterworfen, und seine Fähigkeiten, mit der Welt zu kommunizieren, ändern sich ständig – sowohl was die kognitiven als auch die sozialen Kontakte angeht. Nach einem monatelangen, stetigen Abwärtsgleiten in eine unserer Realität an keinem Punkt mehr zugängliche Welt gibt es plötzlich ein Emportauchen. Endgültig verloren geglaubte Fähigkeiten und Emotionen kehren wieder, man gewinnt den Eindruck, als gäbe es – gelegentlich jedenfalls – so etwas wie ein Sich-Erinnern: Er »erzählt« von seinen Eltern. Ich kann nicht verstehen, was er meint, aber die Worte »Vater« und »Mutter« sind deutlich formuliert und in einen Kontext eingebettet, den er mir nicht zugänglich machen kann, der aber von ihm in diesem Augenblick sehr konkret erlebt wird. Mein Hinweis, dass seine Eltern längst tot seien, löst Erstaunen aus, aber keine Trauer: »Ach, und warum?« – »Nun, sie waren halt sehr alt; schau, wir sind ja schon alt, da müssen sie doch noch älter sein, und wenn man sehr alt geworden ist, ist es gut, wenn man sterben darf.« – »Ach so. Ja, das ist gut.« – Ich weiß nicht: Kann er meiner Begründung folgen, oder vermittelt ihm nur der Tonfall meiner Antwort, dass, was immer er erlebt hatte, »richtig«, vielleicht sogar »konsensfähig« ist.

Ein anderes Beispiel, das es mir schwermacht, eine zutreffende Beurteilung seines Zustandes zu gewinnen: Nachdem mein Mann monatelang kaum Notiz von meiner Anwesenheit nahm, ja, sie häufig kaum bemerkt zu haben schien, und allenfalls seiner Pflegerin ein Lächeln gönnte, das man als Wiedererkennungszeichen deuten konnte, nennt er seit einigen Tagen meinen Namen, ja, gelegentlich ruft er sogar nach mir. Auch die zu Besuch gekommenen Söhne werden – nachdem er sie monatelang wie Fremde empfing – plötzlich wieder namentlich begrüßt, manchmal sogar mit einem Lächeln. Gelegentlich artikuliert er neuerdings grammatikalisch vollständige Sätze, die nur dadurch schwer verständlich bleiben, dass sie keinerlei Beziehung zum Vorhergehenden oder Nachfolgenden haben. Er reagiert »richtig«, wenn man ihm die Hand hinhält, und kann, in guten Momenten, Bitten oder Aufforderungen in angemessener Weise begegnen. Er ist wieder in der Lage zu gehen, das heißt zu handeln, als ob er wüsste, wozu Beine gedacht sind, er steigt Treppen und hält sich – ohne Aufforderung oder gar Assistenz – während des Steigens an den rechts und links angebrachten Handläufen fest. Er isst ohne Hilfe, das heißt, er koordiniert die dazu notwendigen Bewegungen, und beginnt, Straßenschilder oder Autonummern vorzulesen.

Meine Ärzte belehren mich: Dergleichen sei typisch für die vaskulär bedingte Form der Demenz. Die Spanne zwischen den

Extremen sei vielleicht auffallend groß, an sich aber als Symptom bekannt für diese spezielle Form der Krankheit, in der sich der Abbau nicht, wie bei Alzheimer-Patienten, schleichend und kontinuierlich, sondern in Sprüngen vollziehe, eben in jenen zum Teil riesigen Zacken, die bei meinem Mann im Augenblick Fähigkeiten heraufschleudern, die man längst endgültig abhandengekommen wähnte. – Die Mediziner sagen mir aber auch, dass niemand wisse, wie lange diese »Besserung« anhalten werde. Auf Dauer jedenfalls sei der Prozess nicht umkehrbar.

Aber was heißt das konkret? Muss ich befürchten, dass sich auch die Zeiten der völligen Nicht-Ansprechbarkeit wiederholen können? Oder – eine noch grausamere Vorstellung – dass er in jene Phase zurückkehrt, da er genau registrierte, wie seine geistigen Fähigkeiten nachließen, wie sich zwischen Zusammengehörigem keine Verbindung mehr herstellen ließ und ihm die Welt in Teile zerbrach, die er nur noch selektiv wahrnehmen konnte; jene Wochen, in denen ihm alle Erinnerung abhandenkam und ihn – das war das Schlimmste – die Möglichkeit verließ, das was ihn bewegte, in Worte zu fassen; als ihm während des Sprechens das Wissen um das, was er hatte sagen wollen, verlorenging. Der Satzanfang war stets klar formuliert, das Objekt jedoch, auf das Subjekt und Prädikat bezogen werden sollten und das der Aussage erst ihren für andere verständlichen Sinn gab, fand er nicht. Vielleicht standen ihm die Worte nicht mehr zur Verfügung, mit denen er den Satz hätte zu Ende führen können, vielleicht aber war ihm das, was er hatte sagen wollen, plötzlich abhandengekommen. Er stockte, zuckte hilflos die Achseln und schwieg.

Er schwieg monatelang, redete einfach nicht mehr, artikulierte nur hin und wieder ein zusammenhangloses, gelegentlich auch verständliches Wort und bediente sich ansonsten nur nonverbaler Äußerungen, um seine Befindlichkeiten und Bedürfnisse kundzutun: Wenn er »Nein« sagen wollte, wurde er aggressiv, drohte, spuckte, schlug, biss, kniff und trat. Dann wieder weinte er, war friedlich und freundlich-liebevoll zugewandt. Er lächelte dankbar, wenn es uns gelungen war, seine Bedürfnisse zu befriedigen. Dergleichen sehen und verstehen zu müssen stimmt traurig und macht gelegentlich auch wütend. Aber es ist nicht mehr quälend. Ich war mir ziemlich sicher: Mein Mann lebt in einer Welt, die für uns unzugänglich ist und sich unserer Beurteilung entzieht. Aber er ist nicht unglücklich – der Begriff trifft auf ihn nicht mehr zu, denn seine Erlebnisebene ist auf das Empfinden von Lust und Unlust, vitales Verlangen und Triebbefriedigung reduziert. Ich war mir sicher, dass er seinen Zustand nicht mehr »merkte« und folglich auch nicht unter ihm leiden musste.

Doch jetzt, wo er jedenfalls gelegentlich in unsere Realität zurückgekehrt zu sein scheint, habe ich diese Gewissheit nicht mehr. Im Gegenteil, wenn ich ehrlich bin, muss ich mir eingestehen, dass ich den Eindruck habe, als leide er – zumindest zeitweilig – auf eine bisher noch nicht da gewesene und ihn sehr quälende Weise. Folglich wird die Beantwortung der Frage, wie man ihm helfen kann, immer dringlicher für mich.

Für seine Pflegerin, Margit Hespeler, ist die Antwort klar: »Indem ich alles tue, um sein physisches und emotionales Wohlbefinden zu optimieren.« Sie geht mit ihm in den Zoo und in den Supermarkt, besucht Spielplätze und führt ihn spazieren: mal dorthin, wo er Menschen trifft, die ihn kennen und ansprechen, mal an ruhigere Plätze, wo die freie Aussicht ihn freut. Sie kocht ihm, was er gern isst, und spielt Volksmusik, die ihm – das ist nicht zu übersehen – gefällt, vielleicht, weil die eingängigen Melodien und der sich wiederholende einfache Rhythmus ihm guttun. Sie akzeptiert, dass er sich mal wie ein bockiges Kleinkind, mal wie ein trauriger, liebebedürftiger, aber verzweifelter alter Mann benimmt, von dem man sagt, »er ist nicht mehr präsent«. Sie hilft ihm bei allen Verrichtungen, und er legt ihr liebevoll und herzlich den Arm um die Schultern, streichelt sie und lächelt sie an ... Gesten der Zuwendung, die ihren Sinn in sich selbst haben. Sekunden später schlägt er zu. Sie hält seinen Arm fest, verweist ihn nachdrücklich und sagt freundlich, aber bestimmt: »Herr Jens, so nicht. Das dürfen Sie nicht tun.« Er »versteht«, was sie meint. Vielleicht vermitteln ihm Tonfall und Gestik den Sinn ihrer Worte. Jedenfalls sagt er deutlich beschämt und traurig: »Es tut mir leid.«

Traurig, beschämt, sich selbst entfremdet, verzweifelt ... alle diese Worte umschreiben den Zustand meines Mannes aufs stimmigste. Ich darf meine Augen vor dieser Tatsache nicht verschließen. Aber die Frage, ob das Leben dadurch unzumutbar für ihn geworden ist, beantwortet auch diese Erkenntnis nicht.

Ich beginne, mich im Kreis zu drehen, aber ich muss mir klarwerden über das, was ich tun kann. Ich muss erkennen, wo die Grenzen meines »Wissens« um seine Befindlichkeit, der Erfahrbarkeit seines Zustands überhaupt, liegen. Ich muss akzeptieren, dass er nicht mehr der Mensch ist, den ich jahrzehntelang am besten von allen zu kennen glaubte, zu dem ich – wenn auch nicht immer mühelos – Zugang hatte und über den ich »Bescheid wusste«. Ich muss mich auf mein Nicht-mehr-Wissen einlassen und mich auf meine emotionale Verbundenheit beschränken, obwohl unsere Gemeinschaft früher sehr stark durch den partnerschaftlichen Austausch von Problemen, durch Diskussion und Argument bestimmt wurde. Heute ist das Emotionale, das intuitiv Sich-Einfühlen, die einzige Ebene, auf der ich noch mit meinem Mann kommunizieren kann. Wenn mein »Wissen« und meine intellektuellen Anstrengungen nicht mehr ausreichen, um seine jeweiligen Signale »richtig« zu interpretieren, sagt mir vielleicht mein »Gefühl« – ein Gefühl, das ja Resultate von Überlegungen durchaus aufnehmen kann –, was er meint und wie ich »richtig« (das heißt, seinem Zustand so weit angemessen, wie es eben geht) mit ihm umgehen kann.

Ob es so gehen wird, ob mein Entschluss Bestand hat – ich weiß es nicht. Aber ich erfahre, dass es – im Augenblick – nicht meine wichtigste Aufgabe ist, meinem Mann zu einem humanen – das heißt, ihn nicht von sich selbst entfremdenden – Sterben zu verhelfen, sondern zu einem Leben, das, allen Einschränkungen und Schrecknissen, ja, allem Sich-selbst-Abhandengekommensein zum Trotz, menschenwürdig – das heißt, Verzweiflung *und* Freude, Demütigung *und* Anerkennung bergend – genannt werden darf. Ich versuche, das alte deutsche Wort »anheimstellen« neu zu buchstabieren, ohne die Instanz, der ich »anheimstelle«, benennen zu können und zu wollen. Eine andere Möglichkeit sehe ich im Augenblick nicht. Dass dieses »Anheimstellen« kein passiver Vorgang ist, der mich von allem Tun und aller Verantwortung befreit, weiß ich. Vielleicht kann ich von Margit Hespelers Selbstverständlichkeit im Umgang mit meinem Mann lernen.

Auszug aus: Walter Jens, Hans Küng: Menschenwürdig sterben. Piper Verlag GmbH, München 2010, S. 199–210

III.
Wenn Kinder sterben müssen

Der Tod im Alter ist natürlich, der Tod in der Kindheit schockierend.
»Gibt es etwas Schlimmeres, als einem Kind ins Grab schauen zu müssen?« Ich muss die Frage beim Trauergespräch so stehen lassen, eine Antwort im Sinne der Logik verbietet sich und wird auch nicht erwartet. Die Frage ist der Ausdruck von enttäuschter Elternliebe, unendlichem Schmerz, zerstörter Hoffnung und begrabener Zukunft.
Wenn es sich nicht um einen plötzlichen Tod handelt, so ist die letzte Lebenszeit von Kindern eine besonders intensive Zeit, die die Eltern mehr belastet als die Kinder selber.

Prof. Dr. Dr. h.c. Dietrich Niethammer

Ehemaliger Geschäftsführender Direktor der Universitätskinderklinik Tübingen

Wenn Kinder sterben müssen

Die Öffentlichkeit nimmt bei uns heute das Sterben eines Kindes meist nur noch als Folge einer Gewalteinwirkung oder einer Vernachlässigung wahr. Dass Kinder und Jugendliche auch im Rahmen einer schweren Erkrankung sterben können und dies auch tatsächlich tun, wird in der modernen Gesellschaft eher übersehen. Dabei gibt es eine größere Zahl von angeborenen und erworbenen Erkrankungen, die trotz aller Fortschritte der modernen Medizin nicht geheilt werden können, so dass die Betroffenen im jungen Alter über kurz oder lang – manchmal allerdings erst nach Jahren – den Folgen ihrer Erkrankung erliegen und sterben. Und jeder Kinderarzt, der kranke Kinder und Jugendliche behandelt und betreut, muss sich mit dieser Tatsache auseinandersetzen.

Für uns Medizinstudenten in den 60er Jahren war das Sterben im Unterricht kein Thema, weder bei Erwachsenen noch bei Kindern oder Jugendlichen. Während meiner Ausbildung zum Kinderarzt in der ersten Hälfte der 70er Jahre wurde uns dann beigebracht, dass Kinder nicht über Sterben und Tod nachdenken. Man glaubte, dass sich der Mensch als Kind nicht mit dem Tod auseinandersetzt und berief sich dabei unter anderem auf

Sigmund Freud, der am Anfang des 20. Jahrhunderts festgestellt hatte, dass für ein Kind der Tod »einfach Wegsein« bedeute. Ganze Generationen von Psychologen und Psychotherapeuten beteten diese Vorstellung nach, und die Kinderärzte richteten sich ebenfalls danach. So lehrte man uns, dass man niemals den Kindern die Diagnose ihrer Erkrankung mitteilen darf und schon erst recht nicht die Tatsache, dass die Krankheit zum Tode führen kann. Man beantwortet nur die Fragen der Kinder, so hieß es, wobei man allerdings niemals auf diese beiden Punkte eingehen darf. Mich beschlich von Anfang an ein ungutes Gefühl, wenn ich mich auf diese Weise einem krebskranken Kind gegenüber verhielt. Wie falsch das war und was es für die Kinder bedeutete, haben wir erst gegen Ende des letzten Jahrhunderts von ihnen gelernt, als wir begannen, uns auf offene Gespräche einzulassen. Und noch immer – auch im 21. Jahrhundert – gibt es eine größere Zahl von Ärzten, die eine offene Information der kranken Kinder ablehnen.

Kinder wie Jugendliche haben ein feines Gespür für ausweichende Antworten und Unwahrheiten (Lügen). Und deshalb fragten sie bald nicht mehr, weil es ja für sie offensichtlich keinen Sinn hatte. Diese damals sehr typische Reaktion bestätigte die Ärzte wiederum noch in ihren falschen Vorstellungen, dass die Kinder tatsächlich nicht über den Tod und das Sterben nachdenken und nichts darüber wissen wollen. Das führte wohl zu einem Gefühl der Erleichterung bei den Ärzten, denn dann mussten sie sich ja auch nicht mit den sterbenden Kindern auseinandersetzen. Dieses Vorgehen hatte aber naturgemäß eine völlige Isolierung der Kinder zur Folge und nahm ihnen die Möglichkeit, sich mit ihrer Situation offen auseinanderzusetzen. So kam es nicht selten vor, dass die Kinder, die sterben mussten, mit niemandem mehr redeten. Ich denke noch mit Schrecken an die Kinder, die wir in der ersten Hälfte der 70er Jahre beim Sterben zu begleiten versuchten und die uns nur wortlos voll tiefer Traurigkeit ansahen. Und dieses Sterben war ohne Zweifel menschenunwürdig, denn wir haben die Kinder in ihrer Not alleinegelassen.

Heute sollte es bei der Betreuung von schwerkranken Kindern nicht mehr vorkommen, dass man ihnen für sie wichtige Informationen vorenthält. Der oberste Grundsatz muss sein, dass ein Kind niemals belogen werden darf. Schließlich bringen doch Eltern in der Regel schon sehr früh ihren Kindern bei, dass Lügen etwas Hässliches ist und dass man dies nicht tun sollte. Und das muss auch für die Erwachsenen gelten. Heute versprechen wir den kranken Kindern von Anbeginn,

1. dass wir niemals lügen werden,
2. dass wir sie ehrlich über alles informieren werden, was für sie wichtig ist, und auch schlimme Dinge nicht verschweigen werden,
3. dass wir sie und ihre Familie nicht mit den Problemen alleinelassen und ihnen immer beistehen werden
4. und dass sie immer alles fragen können.

Daran müssen sich alle im Behandlungsteam halten. Sehr bald lernt das Kind, dass das keine leeren Versprechungen sind, und dieses Verhalten ist dann auch die notwendige Basis für die Zeit, wenn man ein Kind beim Sterben begleiten muss.

Und in diesem letzten Lebensabschnitt, in dem alle Menschen Begleitung benötigen, setzen sich auch die Kinder und Jugendlichen, die um ihr Schicksal wissen, intensiv mit dem auseinander, was auf sie zukommt, und auf wichtige Fragen suchen sie eine Antwort.

Tut sterben weh? Ein zwölfjähriger Junge stellte als Erster mir als jungem Arzt diese Frage. Ich wusste nicht, was ich antworten sollte. Als der Junge mein Zögern wahrnahm, erinnerte er mich an mein Versprechen, niemals zu lügen. »Ich bin noch nicht gestorben«, versuchte ich eine Ausflucht. »Das weiß ich doch, aber was meinst du?«, war seine etwas ungeduldige Antwort. Und dann habe ich ihm etwas geantwortet, was ich im Laufe meines Berufslebens noch öfter auf diese Frage geantwortet habe: »Weißt du, ich habe schon oft am Bett eines sterbenden Kindes gesessen und ich habe nie den Eindruck gehabt, dass das Sterben weh tat.« Der Zwölfjährige hatte damals befriedigt genickt und er schien keine Angst mehr vor dem Sterben zu haben.

Wann wird es geschehen, ist ebenfalls eine häufige Frage, die die Kinder und Jugendlichen umtreibt. Hier habe ich stets ehrlich geantwortet, dass das niemand weiß und ich noch vorher sterben kann. Jede Angabe von möglichen Zeitpunkten ist falsch.

Leichter ist die Antwort auf die Frage, **ob man beim Sterben alleine sein wird.** Hier kann man ohne Zögern antworten, dass dies nicht geschehen wird, und versprechen, dass immer jemand gegenwärtig sein wird – auch in der Klinik.

Und schließlich denken alle darüber nach, **was nach dem Tod geschehen wird.** Hier helfen ebenfalls keine Lügen, denn wir wissen es ja auch nicht. Das ist den Fragestellern auch klar, aber man kann ja gemeinsam darüber phantasieren, wie es sein könnte und was vielleicht geschehen könnte.

Auch Kinder und Jugendliche wollen nicht selten vor dem Tod noch etwas erledigen, eine Reise oder einen Besuch bei einem lieben Menschen. Vor allem wollen sie aber auch Abschied nehmen von allen, die ihnen wichtig sind, besonders natürlich von ihren Eltern und Geschwistern. Und nicht selten wollen sie ihre eigene Beerdigung selber planen, ein Vorgehen, das den Eltern oft Angst macht, den Kindern aber sehr wichtig ist.

Alles das und noch vieles mehr wäre aber nicht möglich,

wenn man nicht offen mit den Kindern und Jugendlichen das Wissen schon von Beginn der Erkrankung an geteilt hätte. Dadurch haben sie aber die Sicherheit bekommen, über alles, was sie beschäftigt, offen zu reden, so dass man um ihre Wünsche und Vorstellungen weiß und sie entsprechend betreuen und begleiten kann. In der Zeit, seit wir konsequent so vorgegangen sind, haben wir nie wieder ein wortloses sterbendes Kind erlebt.

Gelernt haben wir auch von den Kindern, dass sie am liebsten zu Hause sterben wollen. In der Kinderonkologie in Tübingen haben wir ein Konzept der Begleitung erarbeitet, das es ermöglicht, dass den Kindern vertraute Ärzte und Schwestern sie bis zum Schluss begleiten. Folgende Angebote haben sich dabei als hilfreich erwiesen:

1. Eltern und Kinder können zu jeder Tages- und Nachtzeit einen Arzt anrufen, auch zu Hause.
2. Die Eltern können zu jeder Tages- und Nachtzeit das Kind in die Klinik bringen, wenn sie nicht mehr weiterwissen.
3. Es werden weiter regelmäßige Vorstellungstermine in der Ambulanz vereinbart, auch oder gerade dann, wenn keine kurative Therapie mehr durchgeführt wird. Das Angebot, nur noch zu kommen, wenn es die Eltern oder die Kinder für nötig halten, wird nicht selten so verstanden, dass man nichts mehr für sie tun kann (oder will?). Dadurch fühlen sich die Betroffenen häufig im Stich gelassen. Kommen die Kinder noch regelmäßig zu Vorstellungen, entscheiden sie dann selbst, wenn es nicht mehr geht, meist ein Signal, dass das Ende naht.

In dieser Zeit benötigen die Eltern Unterstützung, denn es kommt immer wieder zu Situationen, mit denen sie alleine nur schwer zurechtkommen.

Diese Kinder benötigen nur in seltenen Fällen ein Hospiz, da die Sterbephase meist nicht sehr lange ist und das Team in der Klinik sich für die Begleitung verantwortlich fühlt. Anders ist es aber bei anderen, chronisch kranken Kindern, wie zum Beispiel bei solchen mit Muskeldystrophie, bei denen nach und nach die körperlichen Funktionen immer schlechter werden. Wenn die Kinder nicht mehr zu Hause adäquat betreut werden können, dann blieb in der Vergangenheit nur die Aufnahme in die Klinik. Das ist aber keine gute Lösung, denn das Personal und die Einrichtung sind darauf abgestellt, kranke Kinder und Jugendliche wieder gesund zu machen oder zumindest ihren Zustand so zu verbessern, dass sie wieder in das normale Leben zurückkehren können. Die längerfristige Begleitung von sterbenden Kindern und Jugendlichen ist unter diesen Umständen nur mit größten Schwierigkeiten und nicht optimal durchzuführen. Für solche Situationen wird es in Zukunft einige (zum Glück nur wenige) Einrichtungen geben müssen, die die Langzeitbetreuung der letztendlich dann sterbenden Kinder und Jugendlichen kompetent übernehmen können.

Ralf Zacherl

Sternekoch, Moderator

Die Freude an kleinen Dingen

Kinder sind unser aller Zukunft, so sagte ich neulich. Wenn Kinder keine Zukunft haben oder sie eine schlechte Zukunft erwartet, stimmt mich das sehr traurig, nachdenklich und ebenso frage ich mich: Warum nur? Warum müssen Kinder leiden?

Ich habe so lange gebraucht, um mich in geschriebenen Worten damit auseinanderzusetzen, denn eigentlich fehlen sie mir … die Worte.

Mich macht es überaus glücklich, wenn ich Kindern Freude machen kann, sie dankbar lächeln, Freude und Spaß ausdrücken.

Vor einiger Zeit traf ich einen Mann, der mich ansprach, ob ich ihm behilflich sein könne. Da sei ein kleiner Junge und der würde nicht mehr lange leben. Sein inniger Wunsch sei es aber, mit mir zu kochen, ein Mal im Leben.

Mein Gott, welche Gänsehaut bekam ich und wie gerührt war ich. Alle Sorgen, alle Probleme, alle Tageswehwehchen werden klein bis verschwindend dagegen.

Was soll ich sagen … Ich habe mit dem Jungen gekocht, und es war ein schöner Tag. Ich habe viel von diesem Kind gelernt. Die Geduld, die Freude an ganz kleinen, normalen Dingen … die Dankbarkeit.

IV.
Die Frage nach Gott

Was kommt nach dem Tod? Die Frage ist alt, und jede Kultur und jede Religion hat ihre Antwort darauf. Menschen werden belohnt für ihre guten Taten im Leben, Menschen werden bestraft für das, was sie falsch gemacht oder unterlassen haben.
Den Zusammenhang von dem, was hier war, als Ergebnis von dem, was dort sein wird, mag für viele einleuchtend sein und hat den Religionen geholfen, sich zu moralischen Instanzen zu erheben.
Müsste aber der Glaube an Gott, wenn dieser eben Gott und nicht Mensch ist, diesem Gott nicht mehr zutrauen, als menschliches Kausalitätsdenken es vermag?
Könnte es sein, wie viele denken, dass für mehr Menschen der Himmel offen steht?
Oder ist es die Frage, ob wir durch alle Zerrbilder hindurch, die wir von Gott haben, an ihn wenn schon nicht glauben, so doch an ihm zweifeln oder letztlich wir alle ihn doch fühlen können?

Michael Broch

Rundfunkpfarrer beim SWR

Unser Umgang mit dem Tod – zwischen Zweifel und Auferstehung. Eine biblische Betrachtung

Österliche Begegnungen sind diskret

»Wer tot ist, ist tot.« Das ist unsere Erfahrung. Und nun soll da jemand vom Tod auferstanden sein. Die Auferstehung Jesu – das klingt auch noch nach zweitausend Jahren unglaublich. Und selbst unter Christen ist das nicht unumstritten. Wenn man Umfragen glauben darf, können sogar gläubige Zeitgenossen damit nichts anfangen. Und vor zweitausend Jahren beklagt der Apostel Paulus, dass es in seinen Gemeinden Leute gibt, die behaupten: »Eine Auferstehung der Toten gibt es nicht.« (1 Korinther 15,12)

Geht man noch weiter zurück, so hatten selbst die Jüngerinnen und Jünger Jesu mit der Auferstehung ihre Schwierigkeiten.

Interessant erscheint mir da ein Hinweis im Johannesevangelium. Danach hat sich Jesus nach seinem Tod seinen Freundinnen und Freunden zum wiederholten Mal oder, wie es die Bibel sagt, »noch einmal« als Lebender zu erkennen gegeben. (21,1.14)

Schaue ich die Ostergeschichten im Neuen Testament näher an, dann fällt mir auf:

- Jesus begegnet den Seinen behutsam dort, wo sie gerade sind – beim Fischen, im Garten, zu Hause. Er zeigt sich ihnen in ihrem konkreten Lebensumfeld.
- Dabei drängt er sich nicht auf, sondern lädt ein. Er überfällt sie nicht mit Forderungen, nicht zu zweifeln und endlich zu glauben. Nein, Jesus fühlt und empfindet mit ihnen. Und immer ermutigt er sie bei diesen Begegnungen: Fürchtet euch nicht. Habt Frieden. Ich bin bei euch.

Und noch etwas fällt mir auf:

- Jesus bleibt bei all diesen Begegnungen diskret. Er setzt bei seinen Freundinnen und Freunden etwas in Bewegung und entzieht sich ihnen wieder. Er lässt sie in Freiheit mit ihren neuen Erfahrungen umgehen.
- All diesen Begegnungen gemeinsam ist das: Jesu Jüngerinnen und Jünger machen eine für sie lebenswichtige Erfahrung – Jesus lebt!

Dass sich Jesus den Seinen »noch einmal« und »noch einmal« zu erkennen gibt, das macht auch mir Mut für meinen Glauben. Ich muss nicht ein für alle Mal sicher und fertig sein in meinem Glauben. Der kann durchaus – wie mein Leben auch – eine wechselvolle Geschichte haben. Es wäre schlimm, wenn ich mit meinen Fragen nach Gott, mit meinem Suchen und Zweifeln, mit den schweren und beglückenden Erfahrungen schon am Ende wäre. Und so möchte auch ich »noch einmal« und »noch einmal« glauben und vertrauen können.

Du, ich rufe dich bei deinem Namen

»Namen sind Schall und Rauch« – sagt man. Ich mag diesen Spruch nicht. Er passt in eine Welt, in der wir oft nicht mehr mit Namen benannt, sondern mit Zahlen numeriert werden. Und Zahlen sind keine Menschen. Zahlen sind berechenbar, Menschen nicht.

Ganz anders klingt das: »Fürchte dich nicht ... ich habe dich beim Namen gerufen, du gehörst mir« – so spricht Gott beim Propheten Jesaja im Alten Testament (43,1). Ich verstehe das so: Gott schenkt uns unsere Würde und Freiheit und schützt sie. Wir sind einmalig und unverwechselbar.

So hat Gott auch mich gerufen, als ich auf den Namen Michael getauft wurde und das im »Namen des Vaters und des Sohnes und des Heiligen Geistes«. Als Pfarrer habe ich schon viele Kinder und etliche Erwachsene getauft. Dieser Gedanke ist mir dabei stets wichtig: Gott ruft jede und jeden beim Namen. Wir sind nicht Schall und Rauch, keine anonymen Nummern. Wir sind von Gott angenommen und geliebt als unverwechselbares Du!

Was es bewirken kann, beim Namen gerufen zu werden, das steht in dieser wunderbaren Ostergeschichte aus dem Johannesevangelium im Neuen Testament (20,11–18):

Maria von Magdala sucht den Leichnam Jesu im Grab. Sie ist todtraurig und völlig verstört. Irgendwer scheint den toten Körper ihres Herrn weggenommen zu haben. Sie kann ihn nicht mehr finden. Plötzlich spricht sie jemand an: »Maria!« – Dieses Wort kommt von Herzen und geht zu Herzen. Sie dreht sich um und erkennt ihren Freund Jesus, den Auferstandenen.

Kein bombastischer Auftritt. Kein spektakulärer Überfall. Auch kein Appell, doch endlich zu glauben. Nein, ganz einfach: Du, ich rufe dich bei deinem Namen, »Maria!«. Diese Begegnung macht sie zutiefst betroffen und ändert ihr Leben.

Jesus und Maria von Magdala – mir gefällt diese Begegnung. Wenn ich Glaubens-Erfahrungen machen möchte – dann heißt das für mich: immer wieder zurückgreifen auf Jesus. Ihm in der Heiligen Schrift auf der Spur bleiben. Ich möchte an Jesus ablesen, wer Gott für mich ist und was er mit mir vorhat.

Die Chance des Zweifels

»Ich glaube nicht« – das sagt hier kein Atheist, auch keiner, der vom Glauben nichts hält. Das sagt der Apostel Thomas, der sprichwörtliche »ungläubige Thomas«. Von ihm erzählt das Johannesevangelium (20,24–29).

Thomas, einer der Freunde Jesu, hat erhebliche Glaubenszweifel. Er gibt sich nicht einfach zufrieden damit, dass seine Mitapostel behaupten, Jesus sei vom Tod auferstanden. Er bohrt nach. Er möchte Gewissheit und verlangt nach Zeichen, die ihm das bestätigen.

Ich fühle mich bei Thomas in guter Gesellschaft. Denn Glaubenszweifel, die kenne ich auch. Und ich vermute, Sie auch. Wir tun uns schwer damit, sogenannte Wahrheiten zu wiederholen, nur weil irgendwelche geistliche Autoritäten diese vorgesagt haben. Wir haben gelernt, uns des eigenen Verstandes zu bedienen – Gott sei Dank. Aber die Sache mit der Auferstehung lässt sich nun mal nicht mit dem Verstand erklären.

Auf der anderen Seite ist unser Denken zwiespältig, begrenzt, einseitig.

Das weiß auch der Apostel Thomas. Er verschanzt sich nicht hinter seinen Zweifeln. Er bleibt offen für neue Erkenntnisse und Erfahrungen. Er gewinnt Vertrauen und spürt, dass er mit einem vorsichtig-offenen Ja der Wahrheit näher kommt als mit einem kategorischen Nein. In seinem Innern begegnet Thomas dem auferstandenen Jesus. Er vernimmt von ihm sogar eine Art Seligpreisung: »Selig sind, die nicht sehen und doch glauben!«

Ich bin überzeugt: Jesus sagt das auch zu uns. Ich jedenfalls höre es gerne. Mir zeigt die Begegnung des Thomas mit dem auferstandenen Jesus auch das: Die Bibel anerkennt den Zweifel als eine Möglichkeit, Gott zu erfahren. Vielleicht ist der Zweifel eine sehr tiefe Form, den Glauben ernst zu nehmen.

Ich denke an einen Glauben, der nicht einfach wiederholt, was andere vorgesagt haben. Ich verstehe darunter einen Glauben, der es mir möglich macht, mich zu öffnen für die unglaublich erscheinenden Dinge, um die es da geht. Ein Glaube, der mich in eine tiefe Gottverbundenheit hineinführen möchte und der zu einem Teil meines Lebensinhalts werden könnte. Ein Glaube, der mein Leben erneuern will, hin zu mehr Freiheit und Liebe und zu mehr Nachdenklichkeit.

Eberhard von Gemmingen

Jesuitenpater

Neugierig auf Gott

Vorab muss ich gestehen, dass ich wenig zu tun hatte in meinen 74 Lebensjahren mit Sterben, Trauer und Tod. Und ich sage dies, obwohl ich bereits mit neun Jahren meinen Vater verloren habe: Er starb an den Folgen einer Kriegsverletzung drei Wochen vor Ende des Zweiten Weltkrieges. Meine Mutter wurde mit 37 Jahren Witwe, hatte bereits fünf Kinder und erwartete das sechste. Es kam zwei Monate nach dem Tod meines Vaters auf die Welt.

Dennoch war meine Kinder- und Jugendwelt schön im nördlichen Württemberg, auf dem Land, am Fluss Kocher. Ich hatte meinen Vater kaum gekannt, da wir wegen des Krieges etliche Jahre getrennt gelebt hatten. Weil ich der einzige Sohn war, wurde ich bald »Hahn im Korb«, von meinen Schwestern mehr oder weniger geliebt. Ich war als einziger Sohn und Erbe – ich muss es so sagen – etwas Besonderes. Vielleicht hat mir das lebenslang geschadet. Wer weiß?

Also: Sterben, Tod und Trauer haben mein Leben von Anfang an geprägt, aber doch nicht bestimmt. Ich bin wohl ein insgesamt optimistischer Mensch.

Ich bekenne, dass ich ohne große Schwierigkeit an ein Leben nach dem Tod glaube. Die Möglichkeit, dass alles einfach aus ist, kommt in meinem Leben bisher praktisch nicht in Betracht. Ich erwarte, dass ich nach meinem Tod unmittelbar vor Gott stehe, er mir ins Herz schaut, und ich hoffe, dass sein Blick mich in Sekundenschnelle reinigt, alles Böse in mir schmerzhaft, aber völlig ausbrennt. Gottes Blick dringt schon jetzt auf den Grund meiner Seele. Nur merke ich es jetzt noch nicht, aber ich versuche es immer wieder zu denken und zu glauben. Ich versuche, diesen Blick Gottes in mich hinein zu spüren. Ich empfehle der Leserin und dem Leser, dies auch zu tun. Wir sollten immer wieder völlig still halten und uns bewusst machen: Der Vater Jesu Christi sieht mich, er schaut in mein Herz, er dringt bis auf den Grund meines Herzens. Wenn wir dies tun, bereiten wir uns wunderbar auf das Sterben vor.

Ich erinnere mich gerne an den französischen Bauern in Ars – wo der berühmte Pfarrer von Ars lebte. Er sagte auf die Frage, was er denn vor dem Allerheiligsten so lange bete: »Er schaut mich an, und ich schaue ihn an, sonst nichts.«

Wenn wir in Frieden sterben wollen, sollten wir den Glauben pflegen, dass Gott uns ins Herz schaut.

Und wie steht es um die Trauer, die Trauer um andere Menschen? Ich bin davon überzeugt, dass meine Mutter, die vor vierzehn Jahren starb, jetzt bei Gott ist. Und weil sie bei Gott ist, sieht sie mich auch, ist bei mir. Ich werde sie wiedersehen, wenn ich hinübergehe. Wir werden uns begegnen. Und ich werde alle lieben Menschen wiedersehen.

Und noch eines: Der »Himmel«, also der Ort Gottes und der Verstorbenen, ist nicht weit weg. Im Gegenteil, er ist so nahe, dass wir ihn nicht sehen können. Er ist im innersten Inneren von Kosmos und Welt, im Innersten von mir und von jedem von uns. Daher sind uns die Verstorbenen, die Heiligen – und ist Gott selbst uns näher, als wir es uns vorstellen können. Weil sie so nahe sind, können wir sie nicht sehen. Wenn Menschen sterben, gehen sie nicht weit weg, sondern kommen uns ganz nahe. Wir können sogar sagen, dass sie – wie Gott – in uns sind, tief drinnen in uns.

Wie kommt ein Mensch heute zu diesem Glauben an ein Leben nach dem Tod? Ich glaube, dass er vor allem den Lärm der heutigen Welt meiden muss. Er muss sich der Stille und der Einsamkeit aussetzen, er muss sich Zeit nehmen, über all diese Fragen nachzudenken. Er braucht wohl auch Menschen, mit denen er um diesen Glauben ringt. Er braucht Menschen, mit denen er diskutieren, beten, die er fragen kann. Glauben kann man schwerlich ganz alleine, man braucht Mitglaubende und Mitsuchende. Die Suche nach Gott muss eine Rolle im eigenen Leben spielen, sie gelingt nicht gut nur so nebenbei. Wir dürfen nach Gott fragen und ihn suchen. Nach Gott zu fragen ist keine Sünde. Besser Zweifel als Langeweile und oberflächliche Berieselung.

Und: Man h a t den Glauben nie vollständig wie in der Einkaufstasche, man bleibt immer auf der Suche nach dem Glauben, man kann immer nur sagen: Ich glaube jetzt und hoffe, auch morgen glauben zu können.

Sehr nützlich, ja vielleicht sogar notwendig ist es, möglichst jeden Abend auf den Tag zurückzuschauen und sich zu fragen: Wem bin ich heute begegnet, was ist mir heute widerfahren, was ist gelungen oder misslungen? In den Widerfahrnissen des Alltags kann ich erfahren, was Gott mir sagen will. Wichtig ist nicht nur, was ich tue, sondern auch, was ich passiv erlebe, was nicht ich organisiert habe, sondern was mir eben widerfahren ist, Gott spricht zu mir durch diese Widerfahrnisse, angenehme und unangenehme. So sollten wir langsam zum Glauben kommen, dass Gott mich ständig begleitet, mir etwas sagen möchte, dass ich nicht alleine bin. Beim Sterben werde ich dann – trotz Angst und Zweifel und Schmerz – neugierig sein, diesen ständigen Begleiter-Gott Aug in Aug zu sehen und von ihm umarmt zu werden. Ich werfe mich in seine Arme und sage ihm: Gott sei mir armem Sünder gnädig. Ich habe immer versucht, Dich zu suchen und zu lieben.

Ivo Gönner

Oberbürgermeister der Stadt Ulm

Der Brandner Kaspar

Wer an einem ganz normalen Fernsehabend durch das Programm der öffentlich-rechtlichen und privaten Sender zappt, erlebt gut und gerne ein halbes Dutzend Todesfälle mit, die meisten durch Mord und Totschlag. Während also die Krimileiche der Unterhaltung dient, ist das wirkliche Sterben, unser Umgang mit dem Ende des Lebens, aus unserer Lebenswirklichkeit weitgehend ausgeblendet. Trotz inflationärer Zahlen an TV-Toten ist der Tod in unserer Gesellschaft ein Tabu, beinahe eines der letzten. Ein Befund, der nachdenklich stimmt.

Zunächst einmal: Dies ist kein Plädoyer für die Abschaffung aller Tabus. Ein Tabu ist insofern gut und sinnvoll, wo es einen Schutz bietet, einen Bereich abtrennt, dessen Betreten uns »zu nahe« gehen würde. Aber ein Tabu wird dann zu einem Problem, wenn es zu Denkverboten führt, wenn es dazu führt, dass Personen ausgegrenzt, alleingelassen werden.

Angehörigen von Sterbenden und Sterbende selbst machen diese Erfahrung: Man spricht sie nicht an, meidet den Kontakt, scheut vor dem Zuviel an Nähe – auch aus der nicht eingestandenen Angst, in der Begegnung mit Sterbenden dem eigenen Ende zu begegnen. Zugegeben: Diese Konfrontation ist nicht leicht. Die Frauen und Männer, die sich in den Hospizvereinen –

auch in Ulm – engagieren, wissen das nur zu gut. Ihre Arbeit verdient höchsten Respekt.

Ich weiß nicht, ob in früheren Zeiten unverkrampfter mit dem Thema Sterben umgegangen wurde. Ich bin weit davon entfernt, die alten Zeiten – in diesem wie in vielen anderen Punkten – automatisch auch für »gut« zu halten. Aber vielleicht hatte das Sterben früher – notgedrungen – seinen Platz mit unter den Lebenden. Leicht ist es in jedem Falle nie gewesen. Zu allen Zeiten haben die Menschen mit dem Tod gerungen, versucht, ihn zu überlisten, auszutricksen, ihm seinen Schrecken zu nehmen. Nichts vertreibt Schrecken und Angst so gut wie das Lachen. Geschichten, in denen der Tod eine lächerliche Figur abgibt, existieren daher schon lange, so wie die vom Brandner Kaspar.

Die meisten kennen die Geschichte: Der Brandner Kaspar ist einer, der – zumindest für eine gewisse Zeit – den Tod überlistet, eine literarische Figur aus einer Kurzgeschichte Franz von Kobells in altbairischer Mundart, die 1871 in den »Fliegenden Blättern« veröffentlicht und inzwischen mehrmals für das Theater adaptiert sowie mehrfach verfilmt wurde.

Den Tod, wenn nicht verhindern, so doch hinausschieben können: Das ist heute vielfach möglich. Und dennoch, die Menschheitserfahrung lehrt: Es gibt ihn noch immer, irgendwann, irgendwo und vor allem: persönlich. Eine Haltung zu diesem unausweichlichen Ereignis im Leben zu finden wäre schon von daher selbstverständlich.

Doch offenbar ist diese Selbstverständlichkeit nicht (mehr) Teil unserer Kultur. Die Unfähigkeit, sich mit der Unausweichlichkeit des Todes auseinanderzusetzen, findet statt in einer Gesellschaft, die massiv materiell orientiert ist. »Leben« heißt unter diesen Bedingungen, sich ausschließlich am Schönen, Fröhlichen, Sorglosen zu orientieren. Angst, Leid und Sterben bedeuten in logischer Konsequenz das Nicht-Leben, den Tod mit allen seinen Schrecken. Leben und Tod haben nichts mehr miteinander zu tun. Als Folge davon wird der Tod ängstlich gemieden, durch Aktionismus »weggearbeitet« und in seiner Bedeutung kleingemacht. Es gibt so gut wie keine Haushalte mehr, in denen ein Verstorbener aufgebahrt wird, damit sich Familie und Freunde von ihm verabschieden können. Ein verwitweter Ehepartner, der ein Jahr lang seine Trauer über den Verlust zeigt, gilt vielen als »komisch« und erregt die Sorgen seiner Umgebung. Die Frage, die sich aufdrängt: Was für einen Sinn hat das Leben, wenn es doch nur im Tod endet? Weit entfernt davon, Sinn stiften zu können, wird der Tod zum »Entwerter« jeglichen Sinns.

Wo mit dem tieferen »Sinn des Lebens auch der Sinn des Sterbens abhandengekommen« ist (Hans Küng), gibt es auf die Frage »Warum sterben?« keine sinnstiftende Antwort. Doch wenn – wie die Religionen der Welt mehrheitlich annehmen und es auch das Christentum bezeugt – der Sinn des Lebens und der Sinn des Todes notwendig verschränkt sind, entsteht ein gänzlich anderes Verständnis von Wirklichkeit. Angesichts unserer modernen, wissenschaftlich geprägten Weltsicht ein naiver, lächerlicher Anachronismus? Der Theologe und Philosoph Hans Küng hat darauf eine beeindruckend klare Antwort gegeben, die die Sinn-Frage zur Entscheidungs-Frage (in einem doppelten Wortsinn) macht: »Es ist meine Entscheidung des Vertrauens oder Misstrauens, meine Glaubensentscheidung: Ob ich eine letzte Grund- und Sinnlosigkeit hinnehmen will oder aber einen Ur-Grund und Ur-Sinn von allem, ja einen Schöpfer-Gott und Vollender-Gott des Weltprozesses, wie ihn die christliche Verkündigung annimmt.«

Doch eine solche Entscheidung lässt sich nur treffen, wenn Gott (unter welchem Namen auch immer) für den Einzelnen in seinem Leben (und nicht erst an dessen Ende) erfahrbar wird.

Gemeinschaft mit Gott wird in erster Linie erlebt und erfahren als und in Gemeinschaft. Gemeinschaft gibt das Gefühl: Ich muss nicht alles selber machen, nicht alles autonom und beständig selbstverantwortet in die Hand nehmen, die anderen sind da, um meine Unvollkommenheit mitzutragen und das zu tun, was ich selber nicht kann. Aus dieser (zunächst einmal ganz und gar weltlichen) Erfahrung lässt sich das Urvertrauen gewinnen, einem Gott zu glauben, der »all-mächtig« ist, der einen Sinn verleiht, der nicht vom Tod einfach hinweggefegt wird.

So banal dies klingt: Wir sterben, wie wir gelebt haben. In unserem Leben oder in der Art, wie wir unser Leben gestalten, legen wir selbst den Grundstein dafür, wie wir dem Ende unseres Lebens begegnen. Ein mutmachender Gedanke, der mein Leben nicht dem Tod ausliefert.

Wir müssen nicht, wie Brandner, den Tod »austricksen« und überlisten und können ihm selbst mit weniger Furcht begegnen, obwohl wir nicht das Privileg haben, vorher »auf Probe« einen Blick ins Paradies werfen zu dürfen.

Jana Haas

Buchautorin

Unsere Reise zum ewigen Licht

In unserer Kultur tun sich die Menschen oft schwer im Umgang mit dem Sterben und dem Tod. Dieses Thema wird gerne verdrängt, und wenn man dann damit konfrontiert wird, trifft es einen meist unvorbereitet.

Der Tod ist unausweichlich und macht den meisten Menschen Angst, da sie sich zu sehr in der Materie eingerichtet haben und nicht an einen tiefen Sinn des Lebens und an ein Weiterleben nach dem Tod glauben. Die Seele ist aber unsterblich, und ohne Tod könnte auf der Erde auch kein neues Leben entstehen und keine Entwicklung stattfinden. Stellen Sie sich einmal vor, wie die Welt aussehen würde, wenn die Menschen ewig leben würden. Es wäre längst alles unter den Mächtigen aufgeteilt, überall würden Despoten regieren, und es gäbe so gut wie keine Möglichkeit für eine Veränderung. Wenn Sie sich einmal die Zeit nehmen, ein solches Szenario geistig durchzuspielen, dann werden Sie sehr schnell erkennen können, wie perfekt der göttliche Plan ist, und den Tod als wichtigsten Freund der Menschheit akzeptieren, auch wenn er oft Trauer und Leid mit sich bringt.

Da ich die geistigen Welten deutlich sehen kann, möchte ich mit meinem Beitrag über das Jenseits aufklären und hoffe damit

Hilfe und Trost, sowohl für Interessierte, Sterbende, Begleitende wie auch für die Hinterbliebenen, zu spenden.

Der Sterbeprozess kann für den Menschen eine große Chance darstellen, eine seelische und spirituelle Entwicklung zu vollziehen, die er während seines Lebens, aus unterschiedlichen Gründen, nicht machen konnte.

Was bedeutet physischer Tod? Körper, Seele und Geist trennen sich. Der Körper bleibt zurück, die Seele mit all ihren Emotionen und der Geist mit all seinen Erfahrungen bleiben bestehen. Durch Aufgabe des Körpers lösen wir uns aus dem Raum. Da die Zeit an den Raum gebunden ist, gibt es dann auch keine Zeit mehr. Da unser zu Lebzeiten vorhandener Intellekt an das Gehirn, das ebenfalls aus Materie besteht, gebunden war, steht dieser nun auch nicht mehr zur Verfügung. Wir sind danach eine lichtvolle Seele mit all ihren Emotionen in einer neuen Dimension der Grenzenlosigkeit. Gott liebt jeden Menschen bedingungslos, und der Weg führt für jede Seele, mit Unterstützung der Engel, in die lichtvollen Welten. Wie schnell und wie lichtvoll sich der Aufstieg vollzieht, liegt an jedem selbst.

Bei allen Schritten, die ein Sterbender durchläuft, um das Alte und letztlich auch den Körper loszulassen, unterstützen ihn die unterschiedlichsten Engel. In erster Linie ist es sein Schutzengel, der ihn durch sein gesamtes Leben hindurch begleitet hat und der ihn auch durch den Sterbeprozess und zum Schluss in den Himmel begleitet. Es stehen uns in den einzelnen Sterbephasen auch noch viele andere Engel hilfreich zur Seite.

Was geschieht beim Sterbeprozess?

Die Sterbephasen bei einem natürlichen Tod beginnen ab dem Zeitpunkt, zu dem der Geist den Körper verlassen hat.

Währenddessen läuft vor dem Sterbenden sein Lebensfilm ab. Dieser sieht sein nun vergehendes Leben aus einer anderen Perspektive mit dem Schwerpunkt seiner noch ungeklärten Emotionen.

Die Seele, als ein durchsichtiger, energetischer Lichtkörper, verbleibt noch eine gewisse Zeit im Körper, bis der letzte Atemzug vollzogen ist. Innerhalb dieser Zeit fällt es dem sterbenden Menschen oft viel leichter, sich den inneren Werten zu widmen. Denn durch den nun abwesenden Geist ist er pures Gefühl und hat keine Ablenkung mehr in Form von rationalen Zukunftsplänen und materieller Ausrichtung.

Er steht unverfälscht seinen Gefühlen gegenüber und bekommt die Gelegenheit, sich ihnen zu stellen und zur Entwicklung der Glückseligkeit in dieser verbleibenden irdischen Zeit zu nutzen.

Die Energie des Körpers erlischt immer mehr, der Sterbende nimmt im wachen Zustand die geistigen Welten wahr, die er nun genauso sieht wie die irdischen, und verwechselt diese oft. Der Sterbende wirkt immer mehr abwesend. Er beobachtet die Seelen anderer Verstorbener, die er in den jenseitigen Welten sieht.

Die Seele steht irgendwann außerhalb ihres sterbenden Körpers. Sie schwebt über der Erde, also über einem dunklen Boden, der die irdische Welt widerspiegelt. Vor ihr befindet sich ihr lichtvoll strahlender Schutzengel und schwebt über einer hellen und lichten Dimension.

Ihr Schutzengel öffnet seine Lichtflügel und Arme und lädt die Seele zum Schritt über die Schwelle ins Jenseits ein. Jetzt geht es darum, dass die Seele diesem Licht vertraut und es sich zutraut, den »Schritt« hin zu ihrem Schutzengel zu machen und das irdische Leben loszulassen. Diese Phase braucht oft etwas Zeit, bis die Seele absolutes Vertrauen entwickelt hat.

Der Raum ist voller Engel, ihr Licht »leuchtet« den Weg in eine neue geistige Geburt.

Während der Sterbephasen ist oftmals zu beobachten, dass, je mehr die Seele aus dem Körper hinausgeht, umso mehr auch der Körper in seiner Materie vergeht. Man kann daran beobachten, dass es die Seele ist, die den Körper belebt.

Die Zeit der Sterbebegleitung sollte für den Sterbenden eine intensive, liebevolle und heilige Zeit des Lebens sein. Diese Begleitung kann auch für die begleitenden Familienangehörigen eine große seelische Wachstumsphase darstellen. Denn das Sterben gehört zum irdischen Leben und ist genauso selbstverständlich wie die Geburt. Beides ist ein himmlisches Wunder: das Werden wie das Vergehen.

Die Seele hat zunächst noch Schwierigkeiten, sich vom Körper zu lösen, weil sie ihn als einen Teil von sich selbst empfindet. Der Körper ist jedoch nun nicht mehr Teil der Seele, sondern war ein vorübergehendes Zuhause oder Werkzeug gewesen, das nun ausgedient hat und dem Geist und der Seele keinen Raum mehr fürs irdische Dasein geben kann. Daher soll er in Dankbarkeit losgelassen und der Erde, der Materie, zurückgegeben werden.

Den Menschen fällt es oft schwer, die Unsterblichkeit der Seele zu verstehen, weil sie sich mehr über den Körper identifizieren und weniger als Seele (Gefühl) und Geist (Klarheit) darin. Deshalb glauben viele Menschen eher an die Endlichkeit des Lebens und die damit verbundene Hilflosigkeit vor dem Tod statt an die Unendlichkeit und Liebe.

Wenn sich die Seele vertrauensvoll dem Neuen stellen kann, schläft ihr Körper für immer ein.

Was geschieht mit der Seele nach dem Sterbeprozess im Jenseits?

Nach dem Ableben betritt nun die Seele des Menschen das Himmelreich Gottes, die geistigen Welten. Der Schutzengel hüllt die ankommende Seele ein, um ihr Geborgenheit und Sicherheit in der »neuen« Dimension zu vermitteln. Dies kann auch in manchen Fällen ein bereits verstorbener Verwandter oder Jesus sein (in anderen Kulturen auch ein anderes heiliges Wesen, das die Seele empfängt).

Die Seelen, die sich vom Licht einhüllen lassen, können die irdische Bindung loslassen und in Leichtigkeit aufsteigen. Sie werden weiter in die höheren Himmelssphären geleitet.

Hier können nun die Seelen rückblickend die Emotionen, die im Leben blockiert waren und durch die sie in ihrer Entwicklung stehengeblieben sind, genau betrachten und erlösen.

Prof. Dr. Hans Küng

Theologe und Autor

Auferweckung zu neuem Leben

Der Tod eines Menschen konfrontiert uns unausweichlich mit der Frage: Ist mit dem Tode alles aus, ist mit seinem, ist mit meinem Tode alles aus? Oder gibt es nach dem Tod ein Weiterleben, ein neues, ein ewiges Leben? Es bedrückt mich zu sehen, wie vielen Menschen, und gerade auch jungen, in der heutigen Zeit der Glaube an ein ewiges Leben abhandengekommen ist. Meinungsumfragen sind in Fragestellung und Interpretation gewiss oft beeinflusst von den Hoffnungen und Wünschen der Befrager und Deuter und verdienen keinen blinden Glauben. Vermutlich glauben mehr Menschen tief in ihrem Innern an Gott und ein ewiges Leben, als sie es in einem bestimmten Milieu, einem bestimmten Befrager gegenüber auf eine recht plumpe Fragestellung zu sagen wagen. Aber unbestreitbar hat die Zahl der konfessionslosen Jugendlichen zugenommen und der Glaube an ein Weiterleben nach dem Tode abgenommen. Dies hat vielfältige Ursachen.

In Ostdeutschland ist es, nach zwölf Jahren Nazismus und Krieg, dem Marxismus in vier Jahrzehnten systematischer atheistischer Indoktrination in Schule, Partei und Staat gelungen, vielen Menschen, die über keine tiefen religiösen Überzeugungen und keine rationalen Gegenargumente verfügten, den Glauben an Gott und ein ewiges Leben auszutreiben; die Religion generell und grundsätzlich sei Aberglaube, Illusion, falsches Bewusstsein.

In Westdeutschland wie in Westeuropa überhaupt hat der praktische Materialismus mit seiner oft sehr banalen Erlebnis- und Spaßkultur die Frage nach einem ewigen Leben vielfach zugeschüttet, ja tabuisiert. Wo sie auftaucht, wird sie zynisch verspottet oder verlacht. Zugleich hat eine in evangelischer wie katholischer Kirche weithin fundamentalistische Osterverkündigung den Menschen statt des Wesenskerns der biblischen Ostererfahrungen eine Menge von Legenden und Mythen, Ungereimtheiten und Widersprüchlichkeiten zugemutet und damit entscheidend zum Niedergang des Christentums in unseren Breiten beigetragen, abzulesen am zahlenmäßigen Rückgang kirchlich engagierter Jugendlicher, der Gottesdienstbesucher, der kirchlichen Taufen, Eheschließungen und Ordinationen zum Priester- oder Pfarramt.

Ob sich diese Verluste in Bälde wieder aufholen lassen? Ob sich der Glaube an Gott und ein ewiges Leben, welchen der Vater des marxistischen Atheismus, Ludwig Feuerbach, »wie ein Zaubervogel aus der Brust von Tausenden hinwegsang« (Gottfried Keller), je wieder in die Herzen der Menschen zurückholen lässt?

Viele Menschen sind allerdings auch ihres Unglaubens nicht sicher, schwanken zwischen Glauben, Unglauben und Aberglauben. Der Glaube an ein ewiges Leben hat sich auch nicht einfach total aufgelöst; er hat sich bei vielen hineingeflüchtet in alle möglichen Formen eines Schicksalsglaubens, der mit Hilfe von Horoskop, Wahrsagerei oder esoterischen Praktiken den allzu flachen Alltag zu über-steigen, zu trans-zendieren versucht. Sinnleere zu ertragen ist schwer, und das Bedürfnis nach Spiritualität, Meditation, irgendeiner Art von Innerlichkeit ist trotz oder wegen der Krisen der Kirchen weit verbreitet. Manche

Menschen haben es gemerkt: Reduktion auf reine Diesseitigkeit kann zerstörerisch wirken. Und das unausweichliche Sterben lässt sich ohnehin nicht mit der Sucht nach Optimierung von Glück versöhnen. Nein, die Frage nach einer die greifbare, kalkulierbare, manipulierbare Wirklichkeit über-steigenden, transzendierenden Wirklichkeit, die Frage nach der Transzendenz also auch im Tod, ist trotz allem keine generell erledigte, sondern eine vielfach noch offene Frage.

Wie oft bin ich gefragt worden, insbesondere von Angehörigen eines verstorbenen Menschen: Soll mit dem heutigen Sterbetag, soll mit seinem Tod wirklich alles aus sein? Soll es ein Weiterleben bestenfalls in unseren Gedanken geben, solange wir denn ihrer oder seiner gedenken? Solange die Werke weiterwirken, die Firma besteht oder die Familie den Namen weiterträgt?

Oder muss man bezüglich einer Transzendenz im Tod nicht vielleicht doch ein »Peut-être« ansetzen, das auch für einen bekennenden marxistischen Atheisten wie meinen Tübinger Kollegen Ernst Bloch immer wichtiger wurde: ein kleines »Peut-être«, ein »Vielleicht«? Vielleicht gibt es eben doch diese ganz andere, transzendente Wirklichkeit, mit der die Menschen seit der Menschwerdung des Menschen gerechnet haben? Von der die mit Ocker, der roten Lebensfarbe, bestäubten Gräber der Neandertaler ebenso zeugen wie die Pyramiden der Pharaonen oder die Gräber der chinesischen Kaiser, aber eben auch die zahllosen Synagogen, Kirchen und Moscheen verstreut über die ganze Welt. Alles *Zeichen der Transzendenz* auch im Tod, zu finden in allen Kulturen der Erde, zu finden in allen Jahrhunderten der Menschheitsgeschichte.

Gewiss, der rational hoch- oder überentwickelte Mensch am Beginn des 21. Jahrhunderts nach Christus kann der Meinung sein, ein verstorbener Mensch lebe nur in unseren Gesprächen, Gedanken, Erinnerungen fort, er zehre sich auf und verlösche wie eine Kerze, er löse sich auf mit Leib und Geist, er sterbe zuletzt in ein Nichts hinein. Die transzendente Wirklichkeit wäre demnach Nichtigkeit. Hier scheint der Buddhismus die beste Antwort zu haben: Verlöschen im Nirwana. Doch auch das Erlöschen im Nirwana bedeutet für die meisten Buddhisten nicht Vernichtung, nicht die Auflösung in ein Nichts, sondern das Eingehen in eine letzte Wirklichkeit, die freilich mit keinen menschlichen Begriffen einzufangen ist, eine höchste-tiefste Wirklichkeit.

Die *Argumente für die völlige Nichtigkeit* der transzendenten Wirklichkeit sind mir alle gut bekannt, aber sie überzeugen mich nicht. Soll es wirklich nur Wunschdenken sein, wenn wir wollen, dass geliebte Menschen weiterleben, wirklich in einer anderen Dimension weiterleben? Warum soll es mir nicht erlaubt sein, zu wünschen, dass mein ganzes Leben, Arbeit, Kämpfen, Leiden, Lieben nicht im Nichts versande? Kann denn unserem unausrottbaren Wünschen, Denken und Vorstellen nicht eine Wirklichkeit, eine ganz andere, transzendente Wirklichkeit entsprechen?

Gewiss: Nichts existiert nur deshalb, weil man es wünscht. Aber richtig ist auch: Etwas muss nicht schon deshalb nicht existieren, weil man es wünscht. Dieses Gegenargument führen auch Philosophen an gegen diejenigen, die behaupten, ewiges Leben sei nur Projektion des Menschen (Feuerbach), nur interessenbedingte Vertröstung (Marx), nur infantile Illusion (Freud). Ja, es könnte sein, dass es keine Erfüllung der »ältesten, stärksten und dringendsten Wünsche der Menschheit« (so umschreibt Freud die Religion) gibt und die Menschen sich diesbezüglich jahrtausendelang Illusionen gemacht haben. Aber – könnte nicht auch das Gegenteil wahr sein?

Es geht mir dabei durchaus nicht nur um meinen Wunsch nach privater Glückseligkeit, sondern um den nach einer universalen Gerechtigkeit. Denn so oft fragen wir uns: Wie oft bleiben die »Rechnungen« dieser Erde unbeglichen? Wie oft scheinen die Henker über die Opfer zu triumphieren? Soll ich da nicht wünschen dürfen, um es mit dem Philosophen Max Horkheimer zu sagen, dass der Mörder nicht über das Opfer triumphiere? Dass Schweiß, Blut und Tränen, alles Leid durch die Jahrtausende nicht umsonst waren? Dass definitives Glück allen Menschen, eben auch den Missachteten und Getretenen, schließlich ermöglicht werde?

Im Gegenteil: Ich finde es eine irrationale Zumutung, uns einzureden, wir hätten uns mit seltenen Augenblicken des Glücks zufriedenzugeben, hätten uns mit dem »normalen Unglück« einfach abzufinden. Und dies angesichts der vielfach belegten Einsicht, dass zumeist die Mächtigen und Rücksichtslosesten sich durchsetzen; dass das Leben des Menschen und der Menschheit nur von unbarmherzigen Naturgesetzen oder noch gnadenloseren sozialen und ökonomischen Machtgesetzen bestimmt ist, regiert von der Laune des Zufalls und vom Überleben des Stärkeren; und dass schließlich und endlich alles Sterben ein Sterben in ein Nichts hinein sein könnte.

Eines jedenfalls weiß ich sicher, und da weiß ich sogar den Meister aller Kritik, Immanuel Kant, auf meiner Seite: Noch nie hat es jemand in positiver Weise zu beweisen vermocht, dass die letzte Wirklichkeit Nichtigkeit ist und der Mensch in ein Nichts hinein stirbt. Wenn auch nicht von der »reinen Vernunft« zu beweisen, so blieb die »Unsterblichkeit der Seele« für Kant zusammen mit der Freiheit des Willens und der Existenz Gottes unbedingt notwendig für ein ethisches Handeln des Menschen: ein Postulat also der »praktischen Vernunft« als Grundlage für die Ethik!

Gibt es also eine andere, *eine positive Antwort*? Ja, aber auch diese, das gebe ich zu, hat noch nie jemand positiv bewiesen: Selbst die vielbeschriebenen Sterbeerlebnisse von Menschen, die klinisch (aber eben nicht biologisch!) tot waren, geben keinen Indizienbeweis zugunsten eines Lebens nach dem Tode – trotz aller Lichtphänomene in den Sterbeminuten. Denn alle diese Menschen erreichten nun einmal nur die Schwelle des Todes, haben sie aber nicht überschritten. Sie haben nicht erfahren, was sich hinter dem großen Tor verbirgt.

Allerdings machen sie die Alternative deutlich: Soll ich auf etwas Allerletztes hoffen oder nicht? Dies ist eine *Sache des Vertrauens*. Aber ich sage auch gleich: eines keineswegs unvernünftigen, sondern eines *verantworteten Vertrauens*. Denn es ist die Wirklichkeit dieses Lebens hier und heute, es sind alle unsere negativen und positiven Erfahrungen in dieser Welt, die Glückserfahrungen, deren Dauer man ersehnt, aber es ist auch all das Unabgegoltene, Unaufgelöste und vorläufig Bleibende, das mir genügend Anlass gibt, ein vertrauendes Ja zu einem Leben nach diesem Tod zu wagen, ohne welches mir dieses Leben letztlich ziellos, sinnlos und haltlos vorkommt. Dieses Vertrauen erscheint mir als das Allervernünftigste, was sich der Mensch zumuten kann: nämlich, dass eben nicht nur das Messbare, das physikalisch, biologisch und mathematisch Beweisbare wirklich ist, dass vielmehr das, was wir sehen, tasten, fassen und berechnen können, die letzte Wirklichkeit nicht ist. Kurz, dass der Mensch seinen Tod in ein Nichts hinein stirbt, erscheint mir ebenso absurd wie die Vorstellung, dass der Urknall aus dem Nichts kommt.

So verlasse ich mich denn vertrauensvoll darauf, dass so, wie Welt und Mensch nicht aus dem Nichts kommen, sie auch nicht ins Nichts gehen. Dass Sterben und Tod nur Stationen sind und eine neue Zukunft folgt. Dass das Leben stärker ist als der Tod und der Mensch in jene unfassbare und umfassende letzte und erste Wirklichkeit hinein stirbt, die nicht Nichtigkeit, sondern vielmehr wirklichste Wirklichkeit ist. Ja, dies ist die Überzeugung von Juden, Christen und Muslimen, und in einer anderen

Form unter anderen Bildern und Chiffren doch auch die anderer Religionen: Wo der Mensch das Allerletzte seines Lebens erreicht, da erwartet ihn nicht das Nichts, sondern jenes Alles, das Juden, Christen und Muslime Gott nennen, bei dem die Toten gut aufgehoben sind.

Im Tod wird der Mensch aus den ihn umgebenden und bestimmenden Verhältnissen entnommen. Von der Welt her, gleichsam *von außen*, bedeutet der Tod völlige *Beziehungslosigkeit*. Von Gott her aber, gleichsam *von innen*, bedeutet der Tod eine völlig *neue Beziehung* zu ihm als der letzten Wirklichkeit. Im Tod wird dem Menschen zwar nicht mit Haut und Haar, aber doch dem ganzen und ungeteilten Individuum eine neue, ewige Zukunft angeboten, in der die Bruchstücke seines Lebens sich zusammenfügen und das Fragmentarische dieses Lebens sich vollendet. Ein Leben anders als alles Erfahrbare: in der unvergänglichen Dimension Gottes. Also nicht in unserem Raum und in unserer Zeit: »hier« und »jetzt« im »Diesseits«. Aber auch nicht einfach in einem anderen Raum und in einer anderen Zeit: ein »Drüben« und »Droben«, ein »Außerhalb« oder »Oberhalb«, ein »Jenseits«.

So viele Menschen heute erleben aufgrund der ambivalenten Erfolge der Medizin in Krankheit einen langen Abschied. Aber wenn der Mensch sich im Sterben verabschiedet, wenn er alle äußeren Beziehungen abbricht, manchmal gar Organ um Organ abstirbt und er endlich in absoluter Beziehungslosigkeit daliegt, dann geht er, so glauben wir, eine neue, uns verborgene Beziehung ein: »Vita mutatur, non tollitur. – Das Leben wird verändert, nicht genommen.«

Nein, kein willkürliches Eingreifen Gottes gegen die Gesetze der Natur erfolgt hier, sondern ein Auffangen durch Gott, wo die Natur aufgrund ihrer eigenen Gesetze an ein Ende gekommen ist. Kein Enden also, erst recht kein Verenden, sondern ein

Vollenden: Die *endliche Person* geht ein *ins Unendliche*. Der Mensch geht seinen letzten, entscheidenden, ganz anderen Gang nicht ins Weltall oder über dieses hinaus, sondern hinein in das Innerste der Wirklichkeit, einen Bereich jenseits der Empirie, wo sich jenseits des subatomaren Bereichs jene Dimension »Unendlich« auftut, die sich erst jetzt als die wirklichste Wirklichkeit erweist, die nicht mit Begriffen zu umfassen, sondern nur mit Bildern zu umschreiben ist: das Herz der Welt, ihr ewiger Urgrund, Urhalt und Urziel, des Menschen unvergängliche Heimat, aus der er kommt und in die er geht. Dann erst erkennt der Mensch, was die »transzendente Wirklichkeit« wirklich ist. Um es mit einem anderen zu sagen:

Einst war ich ein Kind.
Ich sprach wie ein Kind.
Ich dachte wie ein Kind,
ich machte kindliche Pläne.
Als ich erwachsen war,
legte ich die Kindheit ab.

Heute ahne ich Gott,
wie mein eigenes Gesicht
im kupfernen Spiegel,
fremd und rätselvoll.
Morgen schaue ich ihn,
nahe und klar,
von Angesicht zu Angesicht.

Heute ist Stückwerk, was ich verstehe,
dann aber werde ich erkennen,
wie Gott mich erkennt.
(1 Korinther 13)

Alle meine Überlegungen haben zum Hintergrund die Botschaft von der Auferweckung Jesu Christi, die ungezählten Menschen im Leben und Sterben Hoffnung auf ihr eigenes ewiges Leben gemacht hat, die aber heute von vielen Menschen nicht mehr verstanden wird. Wir müssen das Entscheidende dieser Auferweckungsbotschaft wieder neu zu fassen versuchen.

Das älteste neutestamentliche Zeugnis von der Auferweckung Jesu stammt aus den Jahren 35 – 45 und findet sich im soeben bereits zitierten ersten Brief des Apostels Paulus an die Gemeinde von Korinth im 15. Kapitel. Es ist von protokollartiger Knappheit – ohne Erwähnung eines leeren Grabes oder gar von Engelerscheinungen: »Er ist am dritten Tag auferweckt worden, gemäß der Schrift, und erschien dem Kephas, dann den Zwölf …«

Der »dritte Tag« ist wie anderswo in der Bibel nicht als Kalenderdatum, sondern als symbolische »heilige« Zahl für ein Heilsdatum zu verstehen. In den späteren Schriftzeugnissen ist die Osterbotschaft ständig erweitert worden, wie ein Vergleich des kurzen Osterberichts des Markusevangeliums mit den beiden späteren Evangelien von Matthäus und Lukas und erst recht dem Johannesevangelium deutlich zeigt. Und vergleicht man die verschiedenen Texte, so entdeckt man in vielen Details Unstimmigkeiten und Widersprüchlichkeiten bezüglich Ort und Zeit, Personen und Ablauf der Ereignisse.

Im Entscheidenden jedoch stimmen die verschiedenen urchristlichen Zeugen, die Briefe, die Evangelien und die Apostelgeschichte überein: *Der Gekreuzigte lebt! Er ist nicht im Tod geblieben, sondern lebt für immer bei Gott – als Hoffnung für uns!* Die Menschen des Neuen Testaments sind getragen, ja begeistert von der Gewissheit, dass der Tod nicht das letzte Wort hatte, dass Christus den Tod bezwang und dass, wer an ihn sich hält, ebenfalls leben wird. Das neue Leben des Einen bei Gott als reale Hoffnung für alle!

Der Gekreuzigte lebt? Aber was heißt hier »*leben*«? Was verbirgt sich hinter den verschiedenen zeitgebundenen Vorstellungsmodellen und Erzählformen, die das Neue Testament dafür gebraucht? Was bedeutet dies für uns? Ich versuche es in drei Gedankenschritten verständlich zu machen:

Ein Erstes: Auferweckung meint *keine Rückkehr* in dieses raumzeitliche Leben. Das heißt: Der Tod wird nicht rückgängig gemacht, sondern definitiv überwunden. In Friedrich Dürrenmatts Schauspiel »Meteor« kommt es zu einer Wiederbelebung eines (freilich fingierten) Leichnams, der in ein völlig unverändertes irdisches Leben zurückkehrt. Dies ist das klare Gegenteil von dem, was das Neue Testament unter Auferweckung versteht. Mit den legendären Totenerweckungen, wie sie vereinzelt in der antiken Literatur von Wundertätern und in drei Fällen auch von Jesus berichtet werden (Tochter des Jairus, Jüngling von Nain, Lazarus), darf Jesu Auferweckung nicht verwechselt werden. Gerade die vorübergehende Wiederbelebung eines Leichnams ist mit der Auferweckung Jesu nicht gemeint. Denn Jesus ist ja nicht einfach in das biologisch-irdische Leben zurückgekehrt, um wie die von ihrem Tod Erweckten schließlich erneut zu sterben. Nein, nach dem Verständnis des Neuen Testaments hat er den Tod, diese letzte Grenze, endgültig hinter sich. Er ist in ein ganz anderes, unvergängliches, ewiges, »himmlisches« Leben eingegangen: in das Leben Gottes, wofür schon im Neuen Testament sehr verschiedene Formulierungen und Vorstellungen gebraucht werden.

Ein Zweites: Auferweckung meint auch *keine Fortsetzung* dieses raumzeitlichen Lebens. Das heißt: Schon die Rede von »nach« dem Tod ist irreführend, denn die Ewigkeit ist nicht bestimmt durch Vor und Nach. Ewigkeit meint vielmehr ein die Dimensionen von Raum und Zeit sprengendes neues Leben in Gottes unsichtbarem, unvergänglichem, unbegreiflichem Bereich. Also nicht einfach ein endloses »Weiter«: Weiterleben, Weitergehen, Weitermachen. Sondern ein endgültig »Neues«: Neuschöpfung, Neugeburt, neue Welt. Gottes Ewigkeit durchbricht endgültig die Rückkehr des ewig gleichen »Stirb und werde« der Natur. Definitiv bei Gott sein und so das endgültige Leben haben, das ist gemeint!

Ein Drittes: Auferweckung meint *positiv:* Will man nicht bildhaft reden, so müssen Auferweckung und Erhöhung, müssen Auferstehung und Himmelfahrt (Verherrlichung) als ein identisches, einziges Geschehen, und zwar als ein Geschehen in Zusammenhang mit dem Tod in der unanschaulichen Verborgenheit Gottes, verstanden werden. Nur in Evangelium und Apostelgeschichte des Lukas wird das eine Ostergeschehen aus theologischen Gründen in zwei (durch symbolische vierzig Tage voneinander getrennten) Vorgängen erzählt.

Die Osterbotschaft besagt in allen so verschiedenen Varianten schlicht das eine: Jesus ist nicht ins Nichts hinein gestorben, sondern ist im Tod und aus dem Tod in jene *unfassbare und umfassende letzte Wirklichkeit hinein gestorben*, von ihr aufgenommen worden, die wir mit dem Namen *Gott* bezeichnen und der unendlicher Geist ist. In Gott hinein ist Jesus gestorben, zu Gott ist er gelangt: eingegangen in jenen geistigen Bereich, der alle Vorstellungen übersteigt, den keines Menschen Auge je gesehen hat, unserem Zugreifen, Begreifen, Reflektieren und Phantasieren entzogen!

Nur das weiß jetzt auch der Glaubende: Wo der Mensch sein Eschaton, das Allerletzte seines Lebens, erreicht, was erwartet ihn da? Nicht das Nichts, sondern jenes Alles, das Gott ist, sein liebender »Vater«, der ihm auch »Mutter« ist. Von daher wissen wir es: Tod ist Durchgang zur eigentlichen Heimat, ist Einkehr in Gottes Verborgenheit und des Menschen Herrlichkeit. Dass mit dem Tod *alles* aus sei, kann eigentlich nur ein Gottloser sagen.

Gerade in einer Stunde der Trauer und des Abschieds, die wir in Dankbarkeit feiern dürfen, sollten wir neu Vertrauen fassen und daraus Kraft schöpfen, um auch die Zukunft, unsere je eigene Zukunft, zu bestehen und nicht allzu viel Angst vor dem Tod zu haben. Dankbar für alles, was der oder die Verstorbene für uns war und uns bedeutet. Zugleich aber hoffend auf den Frieden, der alle Vernunft übersteigt, auf die Freude, das Glück, das ihm und, so hoffen wir, einst auch uns bereitet ist.

Auszug aus: Walter Jens, Hans Küng: Menschenwürdig sterben. Piper Verlag GmbH, München 2009, S. 237–247

Erika Pluhar

Künstlerin, Autorin, Sängerin, Filmerin

Prüfung im Leid

Lassen Sie mich zur gewaltigsten Verweigerung und Verdrängung kommen, in die der Verstand, die Ratio, uns stetig flüchten lassen möchte. Ich spreche von unserer Haltung, unserem Verhalten, unserer Panik, wenn es um die Endlichkeit, um das Todesbewusstsein geht. Der TOD, der wie die Geburt emotional alles übersteigt, wovon unser Gefühl beansprucht werden kann, ist und bleibt DIE unbegreiflichste Gewissheit unseres Lebens.

Dass es nur eine einzige Sicherheit gäbe, die, eines Tages sicher zu sterben, kann man ja durchaus mal gut gelaunt in fröhlicher Runde sagen. Dass der Tod zum Leben gehöre, gehört auch zu den Allerweltsweisheiten, die schnell jemand von sich gibt. Aber sich offenen Auges und offenen Herzens gefühl-voll auf Gedanken und Empfindungen einzulassen, die mit Sterben, Tod und Verlust einhergehen, ist den meisten Sterblichen kaum möglich. Sie müssen alles aktivieren, was ihnen Dauer suggeriert. Also Besitz, der von Dingen, Ideen und Menschen, unentwegt Pläne schmieden, immer wieder Kinder kriegen, rastloses »Sichabstrudeln«. Wobei letzter wienerischer Ausdruck, wie es dem Dialekt häufig prima gelingt, tief blicken lässt. Sowohl die Enge eines gerollten Strudels aus Teig, der alle Fülle in sich schließt, um verzehrt zu werden, als auch die gefährlichen Wasserstrudel in Flüssen und Bächen, die einen verschlingen und ertrinken lassen können, sind bildhaft im »Sichabstrudeln« enthalten, was auf gut Deutsch »sich abrackern«, »sich krankschuften« heißt.

In der trügerischen Dauer, die diverse Aktivitäten, Gesundheitsprogramme, feriale Animationen, verbissenes Körpertraining, das sogenannte »anti-aging« (wohl die perverseste aller kommerziellen Bemühungen) uns zu gewähren versprechen – in ihr halten wir uns blind und verkrochen auf, bis eines Tages die Unerbittlichkeit von Ende und Abschied vor uns steht und nach uns greift.

Aber auch wenn man den Gedanken an Endlichkeit und Tod an sich heranließe, also auch den Gedanken ans Altern, an Liebesverlust, an die stetige, schmerzliche Veränderung alles Lebendigen – wenn man all diese Gedanken an sich heranließe, ehe derlei Fakten und Tatsachen den eigenen Lebensweg berührten, wirft es dann zu Boden, wenn sie einen treffen. Man kann nicht »vorbauen«, um Schmerz und Angst, diese elementarsten Gefühle, wenn es um den elementarsten Verlust geht, späterhin leichter zu ertragen. Das Einzige, was man erlangen kann, ist die geprüfte Einsicht. Also einzusehen, dass es Schicksal auch für einen selbst gibt und damit verbunden auch die Aufgabe, es zu ertragen und zu tragen. Dass der Schrei »Warum gerade ich?« und wildes Anprangern der Ungerechtigkeit, die einem widerfuhr, sinnlos Gefühlskraft vergeudet, die man der Trauer schenken sollte. Dass der Hass gegen Gott und Menschen, die Wut der Auflehnung gegen das Erlittene zwar verständliche Gefühle sind, jedoch die Prüfung im Leid hinauszögern.

Ich persönlich schätze den Begriff der »Prüfung« – vielleicht weil ich, wie heute schon kundgetan, als Kind und Jugendliche die Schule schätzte und Lernen, Erkennen, Bildung als Parabeln in mein weiteres Leben aufgenommen habe. Dass einen also das

Schicksal »prüft«, habe ich nie von mir gewiesen. Die Art und Weise, in der man diesen Prüfungen standhält, legt Zeugnis ab, ob und wie man frei seinem Selbst, seinen Gefühlen gemäß lebt oder eben unbelehrbar im Gefängnis, in der Isolation reinen Verstandesdenkens verharrt. Legt Zeugnis davon ab, inwieweit eine spirituelle Lebenssicht sich bewahrheitet, wenn man an das Äußerste an Verlust und Schmerz stößt. Die äußersten, einem bislang unvorstellbaren Bereiche von Leid sind wie Wasserscheiden, zwei Möglichkeiten tun sich auf, dem Weiterleben nachzugeben. Flüchtet man ins Trügerische religiöser Theorien, die Gott und Jenseits kindisch benennen? In die Härte und Zynismen rein intellektueller Auseinandersetzung mit sich selbst? In die wehleidigen Schreie des ICH, das sich gar nicht auseinandersetzen will?

Oder lernt man zu hören. Auf das Gefühl, die Gefühle zu hören. Auf die Stimme der Intuition. Auf die Stimme des eigenen SELBST, die stets der Stimme Gottes ent-spricht – wenn wir aus überkommener Anhänglichkeit nun einmal GOTT, die Götter, das Göttliche sprechen lassen wollen. Ich weiß, dass ich jetzt in theologisch-philosophische Auslegungen vielleicht allzu unerschrocken eingreife, aber ich wage zu behaupten: Gott, wenn schon, ist weises Gefühl. Und das oberste aller Gefühle und aller Weisheit ist die Liebe. Auch wenn wir dies als Schmonzes belächeln, es nicht bejahen und nichts davon wissen wollen, wissen wir alle, dass es so ist. Ein verborgenes, geschundenes, aber durch keine Macht der Welt je gänzlich auszurottendes Gefühl in jedem von uns weiß es.

Auszug aus dem Essay: Die Macht der Gefühle. Eröffnungsvortrag anlässlich der 53. Päd. Werktagung

V.
Nachdenken über den Tod

Er ist eines der großen Rätsel der Menschheit, und das Bewusstsein, dass wir sterben werden, unterscheidet uns von anderen Lebewesen. Auf den Bildern mittelalterlicher Totentänze erscheint er als Skelett mit Sense und greift sich jeden, sei er Papst oder König, arm oder reich, alt oder jung, Mann oder Frau. Nur die Art, wie er Menschen dahinrafft, ist unterschiedlich, denn er ist nicht nur Räuber, der den einen jäh aus dem prallen Leben reißt, er ist auch der Freund, der einen anderen von seinen Schmerzen und Gebrechen erlöst.
Viele sagen ja: »Vor dem Tod habe ich keine Angst, nur vor dem Sterben.« Positiv gesehen bedeutet das, dass ich einen schwierigen Weg gehen, aber dann an einem guten Ort ankommen werde.
Mozart beschreibt seine Gedanken an den Tod in einem Brief an seinen Vater:

> »Da der Tod (um genau zu sein) der wahre Endzweck unseres Lebens ist, habe ich es mir in den letzten Jahren angelegen sein lassen, diesen wahren, diesen besten Freund des

Menschen so gut kennen zu lernen, dass der Gedanke an ihn für mich nicht nur keinen Schrecken enthält, sondern mir großen Trost und Frieden des Geistes bringt. Ich danke meinem Gott, dass er mir das Glück und die Gelegenheit geschenkt hat, den Tod als den Schlüssel zu unserem wahren Glück zu erkennen. Ich gehe nie zu Bett, ohne darüber nachzudenken, dass ich vielleicht, so jung wie ich bin, am nächsten Tag nicht mehr leben werde. Und doch wird niemand, der mich kennt, sagen können, ich sei im Umgang mürrisch oder traurig. Für dieses Glück danke ich jeden Tag meinem Schöpfer und von ganzem Herzen wünsche ich dieses Glück all meinen Mitmenschen.«

Geschrieben am 4.4.1787 im Alter von 31 Jahren, vier Jahre vor seinem Tod

Lis Bickel

Künstlerin, Therapeutin, Autorin

Spiritualität an den Grenzen des Lebens

Grenzen und Übergänge des Lebens sind Herausforderungen für Menschen. Wir tun uns schwer in solchen Zeiten, fühlen uns verunsichert, hilflos manchmal auch verwirrt. Ich verliere meine Arbeit, ein Kind geht aus dem Haus, der Partner trennt sich von mir, ein geliebter und vertrauter Mensch geht seinem Sterben entgegen …

In solchen Zeiten spüren wir viel dramatischer als in scheinbar kontinuierlich dahinströmenden Lebensphasen: Nichts bleibt wie es einmal war; es gilt etwas Neues zu lernen und zu bewältigen! Wohin gehend wird sich alles entwickeln? Das Alte verblasst und trägt nicht mehr, das Neue ist noch nicht da, wir kennen es nicht.

Übergänge sind Herausforderungen, aber auch Chancen. Wir spüren mehr oder weniger deutlich, es geht darum, etwas Altvertrautes zu lassen, Neues zu finden, sich der Veränderung zu öffnen, vielleicht auch zu leisten, was wir bisher vermeiden konnten. Zumeist wissen wir aber nur ungenau, was dieses Neue ist, und wir erkennen erst einmal nicht, wie es gehen könnte.

Meine Mutter starb, als ich siebzehn war, eines plötzlichen Todes. Ich war so unvorbereitet auf diese Situation, dass ich mit meinem jungen Leben in ein völliges Durcheinander geriet. Ich hatte allen Halt und alle Orientierung verloren und stand erschüttert vor der Wirklichkeit unserer Endlichkeit. Ich war herausgefordert, mit Gefühlen und Gedanken fertig zu werden, die mir gänzlich neu und erschütternd in ihrer Unerbittlichkeit und Tiefe waren. Jahrelang wurde ich selbst zu einer Grenzgängerin des Lebens, immer auf der Suche nach mir selbst, nach Antworten auf Fragen, die so leicht nicht zu beantworten sind. Heute weiß ich, dass ich damals tatsächlich einen neuen Lebensraum betrat: den Raum der Spiritualität.

Luise Rinser beschreibt diesen Raum des Übergangs sehr treffend: Dass der Vergleich GEBURT – TOD naheliegt, hat seinen guten Grund: Es ist der gleiche Vorgang; man verlässt einen Entwicklungsraum und tritt in einen anderen ein.

Der Sterbende verlässt den Entwicklungsraum des Lebens und wird hineingeboren in den Entwicklungsraum einer anderen Daseinsebene. Der Zurückbleibende verlässt einen Entwicklungsraum, den er mit dem geliebten Menschen geteilt hat, der nun von der Erschütterung durch die Endlichkeit geprägt ist, und er wird hineingeboren in eine Zukunft unter ganz anderen Vorzeichen. Er weiß nun, hat schmerzlich erfahren, dass der Tod unabdingbare Wirklichkeit ist und nicht nur anderen, fernen Menschen geschieht.

Wie aber sieht nun dies GANZ ANDERE aus? Erst einmal erkennen wir, dass es nun ums Loslassen von vielem geht, das uns gewohnt, vertraut und lieb geworden ist und das wir nicht gerne und leicht loslassen wollen. Unsere Freiheit, all die offenen Möglichkeiten, unser selbstbestimmter Wille wird eingeschränkt. Möglicherweise müssen wir unsere vertraute Umgebung verlassen, die Beziehungen zu den uns nahen Menschen verändern sich. Wir fühlen uns mit einem Mal von einem Ich-Verlust bedroht, der uns beängstigt.

Hier begegnet uns nun die Frage: Werde ich auch jenseits der Schwelle sein? Wie kann ich es »schaffen«, diesen Weg von hier nach dort zu finden? Und wie wird es DORT sein?

Mit einer finalen Diagnose oder im Hinschwinden der Lebenskräfte werden wir hineingestellt und manchmal sogar hinausgeschleudert in dieses Vakuum zwischen Leben und Tod, in diesen letztendlich spirituellen Raum. Ein spiritueller Raum, weil uns bewusst wird, uns nun unumstößlich bewusst wird, dass unsere Körperlichkeit, unsere stofflich-materielle Existenz an ihr Ende kommt.

Übergänge sind Chancen? Ja, sie sind Chancen, weil wir, wenn wir es aushalten, nun endgültig den Fragen des Geistigen, des Spirituellen begegnen. In diesem Raum des Übergangs taugen die alten, weltbewältigenden Fähigkeiten und Instrumente nur wenig. Hier wird anderes von uns gefordert, anderes muss erlernt und manchmal mühsam errungen werden. Im alltäglichen Leben, aber auch bei besonderen Entscheidungen haben wir nun den Maßstab: Was ist wesentlich, und was will ich wirklich, was brauche ich wirklich?

Man könnte diese Tugenden und Haltungen als qualitätsorientiert bezeichnen. Es steht nicht mehr so sehr im Vordergrund, was alles möglich ist, sondern vielmehr was sinnvoll ist. Es sind genau diese Parameter, zu denen uns im Grunde alle Religionen oder spirituellen Wege anhalten möchten. Die innere Haltung dem Dasein und den Mitmenschen gegenüber entfaltet sich mehr und mehr von einer Tendenz des HABENWOLLENS zu einer Daseinsform des SEINS. Das Empfangen, das Lauschen, Sich-führen-Lassen, die Hinwendung und Überantwortung an eine höhere Macht wird immer wesentlicher. Herrmann Hesse hat das wunderbar in den Zeilen ausgedrückt: Spiel dein Spiel und wehr dich nicht, lass es still geschehen. Lass vom Winde, der dich bricht, dich nach Hause wehen.

Nicht von ungefähr wählt Hesse hier Bilder aus der Natur, denn von ihr können wir dieses »Hingegebensein« erlernen, dieses »Wehr dich nicht«, das uns ein friedlicheres und letztlich erfüllenderes Leben und Dasein ermöglicht.

Wenn wir Abschied vom Leben nehmen, haben wir ein wenig gelernt, uns in dieser irdischen Existenzform zu bewegen und voranzukommen. Aber nun stehen wir gleichsam vor einer Tür, und was sich tatsächlich dahinter verbirgt ... wir wissen es nicht wirklich. Die Instrumente des Überlebens erweisen sich als wenig tauglich. Wir waren es gewohnt, zu leisten, zu wollen, zu können, zu erreichen, zu erobern und zu verwirklichen. Das ist es, was wir kennen und eingeübt haben, und immer steht ein ICH, ein Lebens- und Überlebenswille dahinter, ein Ego, das von Selbsterhaltung, Selbstschutz und Selbstverwirklichung angetrieben und motiviert ist. Wir alle haben es gerne, wenn alles glattgeht, am Schnürchen läuft, als sei das Leben eine Straße, die gerade und planbar vor uns liegt, die wir überschauen und auf der wir sicher voranschreiten können. So meinen wir wenigstens und verdrängen das Wissen, dass es in jedem Moment anders sein kann, und wir vergessen, dass wir, wenn wir so dahinleben, nicht gut vorbereitet sind auf die Brüche und Erschütterungen.

Nun aber, an der Schwelle des Todes, im Sterben, im Übergang, geht es ja eben nicht um das »MEHR« und immer mehr im physisch-existenziellen Sinne. Noch ein Jahr mehr, noch dies oder das haben oder erleben wollen. Wir begegnen nun, und das manchmal ganz unvorbereitet, dem GANZ ANDEREN.

Menschen, die sich entscheiden, andere bis zur Schwelle des Todes zu begleiten, nähern sich zwangsläufig im Begleiten und Zur-Seite-Stehen dieser spirituellen Aufgabenstellung und Schulung. Auch wir begegnen als Begleitende Ängsten und Verunsicherungen, Fragen und Hilflosigkeiten, die mit unserer eigenen Sterblichkeit ebenso zu tun haben wie mit der unseres Gegenübers. Wir wissen: Jetzt ist es noch nicht meine Zeit, aber ich weiß unumstößlich, dass es auch meine Sterbezeit geben wird. Das kostet Mut und Hingabe, die Kraft, Ungewissheit vertrauensvoll auszuhalten. Auch wir als Begleitende bewegen uns in einem Grenzland, in dem das erlernte Wissen nur die Grundlage unseres Handelns bildet. Darüber hinaus ist es unabdingbar wichtig, dass wir keine fertigen Antworten haben, sondern den Mut, mit dem Sterbenden zusammen zu lauschen, zu fragen, zu warten, dass sich Antworten und Lösungen finden und offenbaren können. In dieser Herausforderung liegt der spirituelle Schulungsweg des Begleitenden, seine Herausforderung und seine Chancen, sich in einer demütigen Haltung dem Mysterium des Sterbens und des Todes anzunähern. In diesem Sinne ist auch uns das »Wissen«, das »Machen« und »Können« aus der Hand genommen, und unsere Aufgabe heißt: da zu sein, dazubleiben, auszuhalten, um Führung zu bitten und es in die Hände zu legen, in denen Leben und Tod beschlossen sind. Geduld, Liebe, Empathie und Bewusstheit sind die spirituellen Instrumente, die es ihm ermöglichen, einen Sterbenden demütig und in Würde zu begleiten.

Oh, Herr,
Lass meine Nacht
Zum Tage werden.
(Nizami)

Prof. Dr. Lothar Bisky

Politiker, Mitglied des Europäischen Parlaments

Für das ganze Leben

Trauern von Angehörigen und Freunden, die Begegnungen mit dem Sterben und dem Tod der Anverwandten und Lebensgefährten sind individuelle Erfahrungen. Die kulturellen Formen des Trauerns haben sich geöffnet. Selbstbestimmung drängt auch in die rigiden Bestattungsgesetze Deutschlands. Dabei mischen sich die Erfahrungen und Trauerformen unseres Kulturkreises mit anderen Lebensweisen. Das Bestatten ist kosmopolitischer geworden. Auswanderung gibt es in Deutschland auch nach dem Tod, wie die in der Schweiz und in den Niederlanden praktizierten Formen der Naturbestattungen beweisen, die auch von vielen Deutschen gewollt werden. In Deutschland gibt es inzwischen die ersten Friedwaldbestattungen. Der Tod wird in einer flexiblen Welt anonymer, doch das Trauern bleibt dabei individuell und ist, wie das Sterben selbst, zumeist auf Begleitung angewiesen.

Unendlich komplexer als die schwierigen, belastenden und schweren Erfahrungen mit dem Tod erscheinen uns die Erfahrungen mit dem Sterben selbst. Der Bedarf an Begleitung, Empathie, Betreuung, Beistand, psychologischer Beratung, Seelsorge für Sterbende, Angehörige und Freunde ist enorm. Solch umfassendes Handeln auf Pflegeassistenz bei schwer Erkrankten reduzieren zu wollen, die ohnehin vom Gesetzgeber strukturell nur mangelhaft ermöglicht wird, zeigt mehr als eine der empfindlichen Leerstellen des Gesundheitssystems. Dass Menschen auch am Ende des Lebens zum Kostenfaktor degradiert werden, zeigen nicht nur die Verbannung des Sterbegeldes aus dem Leistungskatalog der Gesetzlichen Versicherung und die mangelnden gesetzlichen Regelungen zur Pflegeassistenz. Auch die chronische Unterversorgung mit Pflegepersonal und deren schlechte Bezahlung in Pflegeheimen, Hospitälern und ambulanten Einrichtungen ist mehr als ein Indiz für eine mangelnde gesellschaftliche Aufmerksamkeit und Anerkennung gegenüber dem Leben und der Gestaltung des Lebensendes. Es erscheint mir hier wenig sinnvoll, das politische Versagen auszubreiten und zu bewerten.

Ein Prozess der Anerkennung des Sterbens als entscheidender Teil des Lebens verlangt nicht nur konsequente politische Entscheidungen, um die Arbeit und die Aufgaben derer zu unterstützen, die begleiten. Wie viele vermitteln – inmitten ihres beruflichen Alltags und nicht als Angehörige – täglich Zuversicht, Hoffnung und Trost oder sind einfach nur da, wenn die Stille der fehlenden Antworten unerträglich ist? Ihre ernsthafte und angemessene Unterstützung steht bis heute aus. Sie werden gehetzt und nach dem Feierabend mit ihren Erlebnissen alleingelassen. Wie geht es Hospizmitarbeiterinnen und -mitarbeitern, Pflegenden, ehrenamtlich oder angestellt, wenn sie erschöpft, oft aus dem Schichtbetrieb kommend, von ihrer Arbeit, die Körper, Geist und Seele gefordert hat, nach Hause kommen. Nur in Modellprojekten wird nach deren Befinden gefragt, nach ihren Möglichkeiten, Beruf und Berufung mit ihrem anderen Lebensalltag zu verknüpfen. Dieser Zugang gehört nicht in Modellprojekte, sondern in die Ausbildung, in den Alltag der Begleitenden und Pflegenden, in ihre reguläre Anerkennung durch Urlaub, Auszeiten, Bezahlung, Weiterbildung und Supervision.

Das Problem der mangelnden Anerkennung der Sterbebegleitung ist aber kein rein sozialpolitisches. Im Gegenteil. Die mangelnde Anerkennung ist kultureller Ausdruck eines viel umfassenderen Schweigens, eines Dunkels gegenüber dieser wichtigen Lebensphase. Diese Situation überträgt sich auf die Sterbenden selbst. Eine Kultur des Rückzugs, der Ablehnung von Krankheit und Siechtum, von einem Lebensende, das von körperlichem Verfall und seelischer Verwirrung gekennzeichnet sein kann, beobachtet man überall, in der Öffentlichkeit und auch bei sich selbst. Die natürliche Hoffnung auf ein schmerzfreies Sterben und einen schmerzfreien Tod verwandelt sich zusehends in ein selbstverantwortetes Davonstehlen, in das Nicht-zur-Last-Fallen, in ein gefährliches Ausblenden des Sterbevorgangs selbst.

Über dieses kulturelle Verschweigen schiebt sich eine Debatte vom selbstbestimmten Sterben. Sie ist notwendig und sie wird von Atheisten und religiös gebundenen Menschen mit hoher Verantwortung geführt. Kirchen, Sozialverbände und weltanschauliche Organisationen leisten hier eine wichtige Arbeit, sowohl im Diskurs als auch unmittelbar bei der Begleitung der Sterbenden und der Angehörigen und Freunde.

Und doch werden in der notwendigen Debatte um ein selbstbestimmtes Sterben bisweilen nicht die Konfliktsituationen des Sterbens ernst genommen. Ihnen wird eher aus dem Weg gegangen. Unsere Werbe- und Medienwelt bedient ein lebensfernes Menschenbild, in dem es überwiegend nur »Gesunde« und »Tote« gibt. Dies ist nicht nur eine Gefahr für Menschen in schweren existenziellen Nöten, die durch Krankheiten und komplizierte Diagnosen der Unheilbarkeit ausgelöst werden. Eine solche Debatte drängt auch Menschen mit Behinderungen erneut ins Abseits und stellt erkämpfte barrierefreie Zugänge, deren Selbstvertretung, deren umfassende Anerkennung als einmalige Individuen wieder zur Disposition.

Ein Leben ohne Altern, ohne Krankheit, ohne Sterben gibt es nicht. Wir können mehr dafür tun, dass uns das sterbende Leben nicht überrascht, nicht aus der Bahn wirft, nicht verzweifeln lässt, wenn wir es anerkennen und ihm mehr Raum und auch Zeit schenken, Zeit für die Sterbenden, die Angehörigen, die Freunde, die Pflegenden. Zeit ist für ein selbstbestimmtes Sterben unerlässlich, für eine Kultur des Innehaltens, des Abschieds, des besonderen Austauschs und der Zuversicht in den Sinn des Lebens, der angesichts des Sterbens auf einmalige Weise offenbar wird. Im Sterben wird oft tiefste Erinnerung möglich, die Formulierung von Hoffnungen für die Nachgeborenen, die Gestaltung eines Vermächtnisses und die besonnene und heitere Aufmerksamkeit gegenüber den vielen »kleinen Dingen« des Lebens. Wir können mehr dafür tun, dass uns diese Lebenserfahrung nicht weiter entgleitet und verdunkelt, sondern wieder geschätzt und geachtet wird. Dazu gehört sowohl die Achtung vor den Sterbenden und ihren Wünschen nach Geborgenheit, Einsamkeit und Begleitung als auch die Achtung gegenüber trauernden Angehörigen und Freunden, ihren Wünschen nach Abgeschiedenheit, Trost oder Unterstützung.

Peter Boudgoust

Intendant SWR, ARD-Vorsitzender

Sterben und Tod – zwei gutbekannte Fremdlinge

Was Medien leisten können und was nicht

Es ist normalerweise sinnvoll und notwendig, zwischen Fiktion und Realität zu unterscheiden, erst recht und vor allem in den Medien. Für einen kurzen Moment möchte ich diese Unterscheidung hintanstellen, wenn ich zu Beginn meines Beitrages die Aufmerksamkeit auf eine grundsätzliche Überlegung lenke. Meine Frage lautet: Wie viele Sterbende und Tote hat wohl ein Bundesbürger im Laufe seines Lebens im Fernsehen gesehen? Die Frage beziehe ich also auf Tote in einem »Tatort« oder einem anderen Kriminalfilm ebenso wie auf Tote in der »Tagesschau« oder anderen Nachrichtensendungen. Die abgebildeten Leichen oder Sterbenden in Zeitungen und Journalen kommen noch hinzu, ebenso die Toten in einschlägigen virtuellen Computerspielen und Horrorstreifen. Der Gießener Soziologe und Theologe Reimer Gronemeyer berichtete vor einiger Zeit in einer unserer Hörfunksendungen, in der Reihe SWR2 »Aula«, in seinem Vortrag mit dem Thema »Ein Platz für den Tod – Sterben in Deutschland« von Schätzungen, wonach ein Jugendlicher bis zum Erreichen des fünfzehnten Lebensjahres im Allgemeinen schon 500 000 Tote gesehen hat. Hochgerechnet auf einen durchschnittlichen Bundesbürger kommen da wohl noch ein paar Tausende hinzu. Diese Zahlen sind bemerkenswert, selbst wenn sie auf vagen Schätzungen beruhen. Auch wenn sie womöglich mit ein paar statistischen Manövern halbiert oder geviertelt werden könnten, blieben sie immer noch allein schon deshalb bemerkenswert, weil sie in einem umgekehrten Verhältnis stehen zu den ureigenen persönlichen Erfahrungen desselben Bundesbürgers mit Tod und Sterben. Wie viele heutige Erwachsene können noch davon berichten, einen wirklichen Toten gesehen zu haben? Wie viele in unserer Gesellschaft haben schon mal einen Toten berührt, ihm etwa die Augen geschlossen? Wie viele haben schon einmal beobachtet, wie ein Mensch sein Leben aushaucht, wie man früher sagte? Ganz zu schweigen davon, wie viele Menschen wirklich in der Lage sind, über ihre Erfahrungen mit dem Thema Tod und Sterben zu sprechen. Sterben und Tod sind in dieser Gesellschaft den Menschen nur allzu bekannt, weil sie medial, also im Wortsinne »mittelbar«, beinahe täglich mit ihnen konfrontiert werden, aber gleichzeitig sind ihnen beide Phänomene auch fremd, weil die persönliche Erfahrung mehr und mehr fehlt. Man stirbt nicht mehr zu Hause, sondern mehrheitlich im Krankenhaus, und das, obwohl sich die meisten Menschen eigentlich ein Sterben zu Hause wünschen. Wenn man jetzt noch die öffentlich und privat diskutierten Themen wie Lebensverlängerung durch medizinische Apparate auf der einen und Sterbehilfe auf der anderen Seite mit hinzunimmt, so müssen wir feststellen, dass sich unsere Gesellschaft in einer schwierigen Situation befindet, in der es für den Einzelnen immer problematischer wird, sich zu orientieren im Blick auf das Ende des Lebens.

Hinzu kommt, dass wir uns viel stärker, als dies früher der Fall war, mit dem eigenen Sterben und dem eigenen Tod auseinandersetzen müssen. Der oben schon erwähnte Theologe und Soziologe Reimer Gronemeyer berichtete in derselben Hörfunksendung, dass früher im individuellen Erleben der Tod zu den Menschen gekommen sei. Man stellte ihn sich schwarz gekleidet vor, mit einer Sense in der Hand, er klopfte an die Tür und verbreitete Unbehagen und Angst. Heutzutage scheine es umgekehrt zu sein. Der Tod komme nicht mehr zum Menschen, sondern der moderne Mensch müsse sich sozusagen des Todes annehmen. Der Tod sei ein Projekt geworden, so Gronemeyer, das genauso zu planen sei wie die Zukunft im Beruf oder die Alterssicherung. Und tatsächlich wird uns dringend empfohlen, uns mit dem letzten Lebensabschnitt beizeiten, also lange vor einem möglichen eigenen Siechtum, auseinanderzusetzen. Die Rolle der Mahnerin, was den persönlichen Tod anbelangt, haben längst nicht mehr nur die Kirchen inne. An ihre Seite sind die Mediziner, Juristen und Politiker getreten, indem sie beispielsweise die Beschäftigung mit Patientenverfügungen anraten. Der Mensch soll heutzutage eine Zeit seines Lebens planen, von der er eigentlich gar nicht weiß oder besser: wissen *kann*, wie sie im Einzelnen sein wird. Die Unwägbarkeiten infolge des medizinischen Fortschritts sind unendlich groß, so dass die Abwägung viele Menschen überfordern muss.

Die Menschen, die sich in einem Hospiz für Sterbende engagieren, scheinen dem Thema zwar näher zu stehen, aber ihnen kommt eine Auseinandersetzung eigener Art zu. Diejenigen, die sich entschlossen haben, Menschen beim Sterben in den Tod zu begleiten, die letzte Zeit des Lebens würdevoll und erst recht voller Leben zu gestalten, geraten unter Umständen durch die öffentliche Diskussion zum Thema Sterbehilfe in den Konflikt, selbst als »Dienstleister« in Sachen Sterbehilfe angefragt zu werden, und sei es auch nur ganz schlicht als realer Begleiter etwa ins Ausland, wo andere Gesetze herrschen.

Die Gegenwart des Todes in den Medien, die Möglichkeiten moderner Medizin, in der Folge immer neue unbeantwortete Fragen der Ethik, die Unerfahrenheit des modernen Menschen mit sterbenden Angehörigen und die Behandlung des Todes als »Sonderfall der Medizin«, der sich auch wirtschaftlichen Erwägungen mehr und mehr zu beugen hat, machen die Lage kompliziert und komplex zugleich.

Die Medien sehen sich in dieser Situation einer besonderen Herausforderung gegenüber. Diese Herausforderung gilt es anzunehmen, unabhängig davon, ob man als Journalist in einem öffentlich-rechtlichen oder einem kommerziellen Unternehmen arbeitet, und auch unabhängig davon, ob man sich für das Fernsehen, den Hörfunk, ein Printmedium oder im Internet dieser Aufgabe journalistisch nähert.

Aber ich will nicht verhehlen, dass ich als Intendant eines öffentlich-rechtlichen Senders im eigenen Haus, also im SWR, ein besonderes Maß an Sensibilität, Sorgfalt, Gründlichkeit, aber auch Diskretion erwarte, besonders dann, wenn es in Reportagen oder Features um die Darstellung oder Vermittlung im Themenfeld Sterben und Tod geht. Dabei spielt es keine Rolle, ob der Patient selbst im Fokus steht oder Angehörige, ob Ärzte oder Pflegepersonal in einem Hospiz oder einer Palliativstation. Die existenzielle Dimension des Themas zwingt geradezu zur Umsicht und zum Verzicht auf Effekthascherei. Vielleicht hat der Hörfunk an dieser Stelle die Chance, gerade wegen des »Fehlens« von Bildern besonders diskret vorgehen zu können. Aber diese Diskretion und das nötige Einfühlungsvermögen dürfen durchaus auch beim Fernsehen vorausgesetzt werden. Und größte Sorgfalt im Umgang mit dem ersten Handwerkszeug des Journalisten, der Sprache, muss in allen drei Programm-Medien walten, in Fernsehen, Hörfunk und Internet gleichermaßen.

Dass diese Differenziertheit und diese Sensibilität etwa im SWR durchaus schon erprobt wurden und immer wieder erprobt werden, zeigt ein kurzer Blick in unser Programmarchiv. Immer wieder berichten wir etwa in den Landesschauen Baden-Württemberg und Rheinland-Pfalz oder im Gesamtprogramm des SWR-Fernsehens über einzelne Projekte etwa in der Hospizarbeit. In eindrücklicher Erinnerung ist mir etwa die Sendung »Ein Tag im Hospiz« in unserer Fernsehreihe »Menschen unter uns«, in der die Arbeit eines Stuttgarter Hospizes sehr anschaulich beleuchtet wurde, gerade im Blick darauf, was es für die Mitarbeiter des Hospizes heißt, dass sie im Jahr etwa hundert Sterbende und ihre Angehörigen begleiten. Diese Sendung wird mittlerweile bundesweit in Hospizen für die Fortbildung von Mitarbeiterinnen und Mitarbeitern eingesetzt. Gleich ob in solchen Beiträgen Angehörige oder Patienten, haupt- oder ehrenamtliche Helfer porträtiert oder Initiativen vorgestellt werden, immer geht es darum, das schwierige Thema »Umgang mit Sterben und Tod« in die Gesellschaft zu tragen, Informationen weiterzugeben, zu Nachdenklichkeit, zu persönlicher Auseinandersetzung und zur Diskussion anzuregen.

Dieses Engagement im Blick auf die Themen rund um die Grenzen menschlichen Lebens ist ureigenste Aufgabe gerade des öffentlich-rechtlichen Rundfunks, vor allem weil sich diese Themen menschlicher Grenzerfahrung weder für eine Boulevardisierung noch für vordergründige Unterhaltung eignen. Wenn wir als öffentlich-rechtliches Medienunternehmen diese Themen aufgreifen, dann tun wir das in dem klaren Bewusstsein, dass wir damit keine Massen ansprechen werden. Das ist in gewisser Weise kurios, denn jede und jeder wird mit der Problematik früher oder später zu tun haben. Gleichwohl tun wir es mit der Haltung, dieser Gesellschaft und ihren Mitgliedern ein wichtiges Angebot zur gesellschaftlichen und persönlichen Orientierung geben zu wollen. In diesem Zusammenhang hat das Wort »Angebot« vielleicht einen etwas zu beliebigen Klang. Aber wir verstehen uns ja gerade nicht als Moral-Instanz. Wir bezwecken keine Orientierung in eine bestimmte Richtung. Wir wollen auf der Grundlage der Kompetenz unserer Fachredaktionen nicht mehr – aber auch nicht weniger – als Hilfen zur Auseinandersetzung geben. Voraussetzung dafür ist natürlich, dass sich die Programm-Macher selbst sehr intensiv mit dem Themenspektrum »Sterben und Tod« auseinandergesetzt haben.

Klar ist, dass unsere Beiträge im Hörfunk, im Fernsehen und im Internet die persönliche Auseinandersetzung mit dem Sterben und Tod der Angehörigen oder auch mit dem eigenen Sterben und Tod nicht ersetzen können. Nicht der kann am besten mit dem eigenen Tod umgehen, der die meisten Filme im Fernsehen darüber gesehen hat. Es wird für jeden Einzelnen von uns nötig bleiben, über das eigene Erleben, über die eigenen Erfahrungen und die eigenen Befürchtungen, Unsicherheiten und Ängste zu reden und sich darüber auszutauschen.

Die Spannung wird bleiben, dass Tod und Sterben jedem Einzelnen von uns vertraut und fremd zugleich sein werden. Diese Spannung ist von anderer Qualität als die bei einem »Tatort«, denn sie ist nicht der Unterhaltung, sondern der persönlichen Existenz geschuldet. Es gibt keine Unbefangenheit am Ende des Lebens. Es gilt, diese Spannung wahrzunehmen und gerade für uns als Medienschaffende gleichermaßen kreativ und seriös mit ihr umzugehen, im Bewusstsein, dass wir uns alle mit den »gutbekannten Fremdlingen« vertraut machen müssen.

Paul Coelho

Schriftsteller

Meine Beerdigung

Der Reporter der »Mail on Sunday« kommt in das Hotel und stellt mir eine einfache Frage: »Wenn ich heute sterben würde, wie würde meine Beerdigung aussehen?«

Um bei der Wahrheit zu bleiben, der Gedanke an das Sterben hat mich seit 1986 jeden Tag begleitet, damals, als ich auf dem Weg nach Santiago war. Bis zu dem Moment war die Vorstellung, dass eines Tages alles zu Ende gehen würde, eine äußerst erschreckende – aber dann nahm ich auf einer der Stationen meiner Pilgerreise an einer Übung teil, die darin bestand, mit den Gefühlsempfindungen des »Lebend-begraben-Seins« zu experimentieren. Diese Übung war dermaßen intensiv, dass ich meine Angst total verlor und lernte, den Tod als meinen echten Reisebegleiter zu verstehen. Er sitzt mir immer zur Seite und sagt: »Ich werde dich berühren, aber du weißt nicht, wann. Also, hör nicht auf, so intensiv zu leben, wie du nur kannst.«

Deshalb überlasse ich niemals etwas dem Morgen, was ich heute schon tun kann – und das schließt die Freuden, die anliegenden Verpflichtungen meines Berufes und auch die Entschuldigungen ein, wenn ich jemanden verletzt habe. Ich sehe den jetzigen Augenblick immer, als wäre er mein letzter. Ich denke da an die vielen Situationen, in denen ich den Tod gespürt habe:

zum Beispiel an den nun weitentfernten Tag im Jahre 1974 auf der Aterro do Flamengo Avenue in Rio de Janeiro, als das Taxi, in dem ich saß, von einem anderen Auto geschnitten wurde, eine Gruppe paramilitärischer Soldaten mit fuchtelnden Gewehren heraussprang und mir eine Kapuze über den Kopf stülpte. Obwohl sie mir versicherte, dass nichts mit mir passieren würde, war ich mir sicher, dass ich bestimmt auch zu einer der vermissten Personen des Militärregimes werden würde.

Oder damals, im August 1989, als ich mich beim Klettern in den Pyrenäen verlaufen hatte: Ich sah mir die schnee- und vegetationslosen Gipfel an und fühlte, dass ich nicht mehr die Kraft hatte, zurückzugehen, und dass man erst im nächsten Sommer meine Leiche finden würde. Erst nach stundenlangem Herumwandern fand ich einen Pfad, der mich in ein entlegenes Dorf führte.

Der »Mail on Sunday« Reporter bestand aber auf seiner Frage: »Wie würde Ihre Beerdigung aussehen?« Also, um auf mein Testament zurückzugreifen, es wird keine Beerdigung geben, denn ich habe mich entschlossen, eingeäschert zu werden. Meine Frau wird meine Asche in Spanien verstreuen, an einem Ort mit Namen Cebreiro, da, wo ich mein Schwert gefunden habe. Meine unbearbeiteten Manuskripte sollen nicht veröffentlicht werden. Es ist erschreckend, wie viele »hinterlassene Werke« oder »Koffer voller Texte« von den Erben eines Autors ohne Skrupel veröffentlicht werden, nur um sich daran zu bereichern. Wenn das zu Lebzeiten des Autors nicht geschehen ist, warum kann man dann seine Privatsphäre nicht respektieren? Das Schwert, das ich auf der Straße nach Santiago gefunden habe, soll zurück ins Meer geworfen werden. Und mein Geld, zusammen mit den Urheberrechten, die in den nächsten 50 Jahren noch anfallen, soll in vollem Umfang an das Institut, das ich gegründet habe, übergehen.

»Und wie sieht es mit der Grabinschrift aus?«, wollte der Reporter wissen. Nun ja, wenn ich eingeäschert werde, dann wird es keinen großen Stein mit einer Inschrift geben, denn die Asche wird vom Wind verweht werden. Aber wenn ich mir einen Satz aussuchen sollte, dann würde ich um folgenden bitten: »Er starb, als er lebte.« Das hört sich unsinnig an, aber es ist doch eine Tatsache, dass ich viele Menschen kenne, die schon aufgehört haben zu leben, obwohl sie weiter arbeiten und essen und ihren normalen gesellschaftlichen Verpflichtungen nachkommen. Sie führen das alles ganz automatisch, ohne die magischen Momente eines jeden Tages zu sehen, aus. Ohne einzuhalten, um über das Wunder des Lebens nachzudenken, ohne zu verstehen, dass der nächste Moment der allerletzte auf diesem Planeten sein könnte.

Der Reporter verabschiedet sich. Ich setze mich an meinen Computer und entschließe mich, diese Kolumne zu schreiben. Ich weiß, dass niemand gerne über dieses Thema nachdenkt, aber ich habe meinen Lesern gegenüber die Pflicht, sie auf die wichtigen Dinge im Leben aufmerksam zu machen. Und der Tod ist bestimmt das wichtigste von allen: Wir gehen darauf zu, ohne zu wissen, wann er uns berühren wird. Deshalb haben wir die Pflicht, uns in unserer Umgebung umzusehen und für jeden Moment zu danken. Auch weil der Tod uns nachdenken lässt über die Wichtigkeit unserer Gesinnung, die wir zum Leben haben oder auch nicht haben.

Und von dem Zeitpunkt an, und um dem »lebenden Tod« Einhalt zu gebieten, sollten wir alles das riskieren, wovon wir jemals geträumt, aber noch nicht wahr gemacht haben.

Ob wir es nun gerne haben oder nicht, der Todesengel wartet auf uns.

Aus dem Englischen von Gisela Zeschky

Dr. Gregor Gysi

Politiker, MdB, Fraktionsvorsitzender, Jurist

Angst und Schönheit

»Nicht die Dinge selbst verwirren den Menschen, sondern seine Meinungen über die Dinge. Nicht der Tod ist schrecklich, ... sondern die Vorstellung vom Tode ist es.« (Epiktet)

So oder so ähnlich haben schon viele versucht, die Angst vor dem Tod irgendwie wegreden zu wollen. Aber wirklich beruhigend ist das nicht. Wenn Denker wie Epiktet sich genötigt sehen, die Angst vor dem Tod »aufklärerisch« zu bekämpfen, dann unterstellen sie damit zumindest, dass das eine so verbreitete Angst ist, dass sich darüber nachzudenken lohnt. Vor allem ist sie keine skurrile Marotte, auch nichts, worüber man vielleicht Scherze machte.

Wenn ich Epiktet in diesem Sinn verstehe, dann muss es etwas an der Vorstellung vom Tod geben, das uns verunsichert. Wir versuchen, uns eine Vorstellung vom nicht präzise Sagbaren zu machen. Und das bleibt natürlich unbefriedigend. Das deutet vielleicht auch auf Verdrängungsleistungen hin. Freilich gibt es andere Möglichkeiten der Thematisierung nicht präzise sagbarer Dinge: zum Beispiel Religion und Kunst. Dort findet auf jeden Fall auch das Verdrängte Ausdruck. Nun könnte man sagen, das ergibt eine schöne »Arbeitsteilung«: Die Religion ist für Trost und Verklärung zuständig, und die Kunst für etwas anderes.

Diese »kulturelle« Arbeitsteilung stimmt so aber nicht. Das Verhältnis zwischen Religion und Kunst ist zwar kompliziert, aber beide kulturellen Gestalten haben auch erstaunliche Ähnlichkeiten. Hegel meint, beide seien auf dasselbe bezogen, auf das Ganze des gesellschaftlichen Lebensprozesses. In der Religion und in der Kunst begegnen wir uns selbst – wenn auch auf unterschiedliche Weise. Während die Religion das Ganze unseres Lebens zur *Vorstellung* bringt (auf welche Weise auch immer), geht es in der stärker im Medium der Sinnlichkeit verorteten Kunst wohl darum, in Werken etwas über uns durch *ästhetische Erfahrung* zur Sprache zu bringen.

Die Künste haben für die Religion immer eine wichtige Rolle gespielt. Seien es die bildende Kunst, die Dichtung oder die Musik. Aber, und das deutet auf eine Spannung hin, war das Verhältnis zwischen Religion und Kunst nie stabil. In der griechischen Antike, in der Komödie, wurden die Götter auch schon einmal zum Gegenstand des Spottes. Das Judentum kennt ein Bilderverbot, das auch im Christentum immer wieder einmal Belebung fand. Mit Misstrauen haben zuweilen große Kirchenväter die Musik im Gottesdienst beäugt. Aber dass bestimmte Musikwerke ausdrücklich, auf Anordnung hin, zur Wiederaufführung kamen, findet sich in der europäischen Musikgeschichte zum ersten Mal in kirchlichem Kontext. Es handelt sich dabei um ein Werk des französischen Komponisten Perotinus. Und in der frühen Moderne schälen sich die Künste aus ihrer Einbettung in den sakralen Kontext heraus und gewinnen ein »Selbstbewusstsein«. Johann Sebastian Bach konnte eben schon beides sein: Er war profaner Hofkomponist und Kirchenmusiker. Es störte ihn auch in keiner Weise, Teile aus »profanen« Kompositionen in »sakrale« Werke einzufügen. Der musikalische Eigensinn des Werks hatte für ihn anscheinend bereits mehr Bedeutung als seine Verwendung.

Und hier stellt sich eine Paradoxie ein, etwas völlig Unerwartetes, wenn man die Emanzipation der Kunst vom Ritus gerade vor Augen hat. Adorno hat einmal gesagt, wenn er die Matthäus-Passion von Bach höre, könne er einen Wahrheitsgehalt der Religion nicht leugnen. Und ich zumindest wundere mich schon ein wenig, dass der Freimaurer Mozart eine katholische Totenmesse komponieren konnte (ich meine das berühmte Requiem), deren Innigkeit beim Hören keine Zweifel aufkommen lässt an der Innigkeit des Glaubens ihres Schöpfers.

Religion und Kunst (zumindest für viele Werke kann man das sagen) zielen auf Versöhnung. Es ist daher nicht zufällig, dass Marx für die Religion ähnliche Worte findet wie Freud für die Kunst. Der wichtigste Unterschied ist vielleicht: Kunst verspricht die Versöhnung nicht. Sie hat nicht einmal zur Voraussetzung, dass es eine versöhnte Welt (gleichgültig in welchem Sinn) geben muss. Ihre Voraussetzung ist ein Bedürfnis nach Versöhnung mit einer Welt, in der es neben guten und schönen Dingen eben auch Entfremdung, keinesfalls unberechtigte Ängste, Entmenschlichung und Erniedrigung gibt.

Natürlich kann die Kunst nicht den Unterschied zwischen vermeintlichen und wirklichen Gefährdungen klären. Die Kunst klärt überhaupt nichts. Sie kann nur eine Form bieten, in der wir uns dessen innewerden, was stets verdrängt wird. Dabei kommt es zu erstaunlichen Paradoxien. Gerade auch in Kunstwerken, die eine große desillusionierende Kraft haben, finden wir immer noch Schönheit. Wer sich einmal die »Große« g-Moll-Sinfonie von Mozart genau angehört hat, wird möglicherweise die Feststellung gemacht haben, dass sich das vielleicht wie Rokoko anhört, dass das aber Fassade ist. Sie enthält Risse, die einen Blick freigeben auf Abgründe, ein pessimistischer Ton bestimmt die Musik. Aber diese Sinfonie bleibt schön. Ähnlich ergeht es denen, die Sinfonien von Mahler oder Schostakowitsch schätzen.

Auch ihnen wird nicht entgehen, wie eigentümlich hier Schönheit, desillusionierende Kraft und Bitterkeit im Ausdruck ineinandergreifen.

In den genannten Werken – viele, insbesondere beim späten Schostakowitsch, haben einen Todesbezug – wird unser Bedürfnis nach Versöhnung bewusst gemacht. Versöhnung kann und will nicht durch sie hergestellt werden, die Kunst verspricht sie nicht. Aber sie anerkennt das Bedürfnis.

In diesem Bewusstmachen liegt auch Befreiung.

Volker Kauder

Vorsitzender der CDU/CSU-Bundestagsfraktion

Das Ende der Gewissheit

In der Kunst ist es eindeutig: Von der Antike bis heute, in Bildhauerei, Literatur und Oper. Die zwei zentralen Themen sind seit Jahrhunderten die gleichen: Liebe und Tod. Auch Hollywoodfilme, die heutzutage ein Millionenpublikum anlocken, bilden davon keine Ausnahme.

Umso erstaunlicher ist es, dass nur eines dieser Themen, nämlich die Liebe, einen festen Platz im öffentlichen Raum hat. Der Tod wird in der modernen Welt in die Randbereiche verdrängt. Trotz seiner Natürlichkeit ist er zum Tabu geworden. Das gilt insbesondere für den Teil des Todes, der weit ins Leben hineinragt – das Sterben. Gestorben wird heute meist nicht mehr zu Hause im Kreise der Familie, sondern im Altenheim oder Krankenhaus, häufig auf der intensivmedizinischen Abteilung.

Und auch die Diskussionen, die Sterben zum Gegenstand haben, drehen sich vornehmlich darum, es weiter aus dem Leben auszugrenzen: Ob Sterbehilfe oder Patientenverfügung, immer geht es um das Bedürfnis, Leben und Tod trennscharf voneinander zu separieren; der Prozess des Sterbens, der beides miteinander verbindet, soll ausgeschaltet werden.

Zweifellos, der Tod, oder genauer gesagt, der Gedanke an ihn, ist unangenehm. Denn er legt die Grenzen der menschlichen

Gewissheit schonungslos offen. In einer Welt, die dank der atemberaubenden Fortschritte der Naturwissenschaften immer weniger Rätsel bereithält, ist er das große Fragezeichen. Was kommt danach? Auf diese Frage geben Religionen und Philosophie unterschiedliche Antworten. Während beispielsweise der Christ überzeugt ist, nach seinem Tod in der Gnade Gottes geborgen zu sein, und der Buddhist auf die Wiedergeburt in möglichst angenehmer Form oder gar auf das Erreichen des Nirwana hofft, geht der Atheist davon aus, dass mit dem Ende des irdischen Daseins sein Leben unwiderruflich vorbei sei. So unterschiedlich diese Vorstellungen auch sind, gemeinsam ist ihnen, dass es sich um Annahmen oder Glaubenssätze handelt. Über gesichertes Wissen verfügt in dieser Sache niemand. Der Tod ist das Ende der Gewissheit.

Diese Ungewissheit aber macht es unmöglich, ihn aus dem Leben zu verdrängen, denn die Frage nach dem Danach formuliert auch die zentrale Frage an das menschliche Leben. Welchen Sinn und Zweck hat unser Leben, wenn es durch den unabdingbaren Tod doch von seinem Beginn an begrenzt ist? Wodurch zeichnet sich ein gutes Leben aus? Und muss ich nach meinem Tod die Verantwortung für mein Leben auf Erden übernehmen?

Auch diese Fragen lassen erkennen, wieso wir den Gedanken an den eigenen Tod gerne verdrängen. Denn spätestens die Möglichkeit, nach dem Ableben Rechenschaft für die gelebten Jahre geben zu müssen, macht klar, dass der Tod nicht nur das Ende der Gewissheit markiert, sondern auch das Ende des Beherrschbaren. Er führt auch demjenigen, der glaubt, vollständiger Herr über sein Leben zu sein, die eigene Begrenztheit vor Augen.

Man könnte mutmaßen, dass diese doppelte Unsicherheit für den modernen Menschen schwerer zu ertragen ist als für unsere Vorfahren in den vergangenen Jahrhunderten, die ohne die Erkenntnisse der Wissenschaft und die Vorzüge des technischen Fortschritts leben mussten. Unzweifelhaft aber ist, dass diese Unsicherheit, die uns unsere Hilflosigkeit in den existenziellen Fragen deutlich macht, der Grund dafür ist, zumindest den Übergang zwischen Leben und Tod zu minimieren: Die meisten gesellschaftspolitischen Diskussionen über den Tod sind von dem Bedürfnis geprägt, eine möglichst weitgehende Kontrolle, wenn schon nicht über den Tod, so zumindest über das Sterben zu erhalten. Gerade die Langsamkeit des Sterbens scheint uns heute unerträglich.

Damit stehen wir im krassen Gegensatz zu den Menschen des Mittelalters, die im Gegenteil Angst vor dem plötzlichen Tod hatten. Denn der schnelle Tod reißt nicht nur den Menschen aus dem Leben. Er nimmt ihm auch die Möglichkeit, sich von seinen Angehörigen und Freunden, von seinem Ehepartner, seinen Kindern und Enkeln zu verabschieden. Denn Sterben heißt in erster Linie Abschied nehmen, nicht zuletzt von dem eigenen Leben.

Obwohl uns die Unausweichlichkeit des eigenen Todes von frühen Kindertagen an bewusst ist und obwohl sie uns mit fortschreitendem Alter immer klarer vor Augen tritt, ist die konkrete Erkenntnis des bevorstehenden Lebensendes für die meisten von uns ein Schock. Spätestens mit dem, freilich nicht genau feststellbaren, Beginn des Sterbeprozesses versagt die vorher so oft bemühte Technik des Verdrängens. Spätestens dann ist der Mensch gezwungen, sich mit seinem eigenen Tod auseinanderzusetzen. Dass dies unendlich schwer und traurig ist, wird niemand bestreiten, der schon einmal einen lieben Menschen in dieser Situation begleitet hat. Dennoch werden viele auch Dankbarkeit empfinden, die letzten Tage und Stunden an der Seite des Sterbenden verbracht und diese letzte Gelegenheit zu einer Begegnung im Diesseits gehabt zu haben. Und ich bin überzeugt, auch die Sterbenden werden dies ähnlich empfinden.

Dank der modernen Medizin ist es heute möglich, die körperlichen Schmerzen des Sterbeprozesses zu mindern. Das ist zweifellos ein Segen, und die Ärzte und Krankenschwestern auf den palliativmedizinischen Stationen sind Helfer, deren Dienste viel zu selten gewürdigt werden.

Dennoch: Die seelischen Schmerzen des Sterbens, die Trauer über den Verlust und den Abschied können Medikamente nicht lindern. Das können nur Gespräche, Gebete und Anteilnahme. Früher, als die meisten Menschen zu Hause im Kreise ihrer Familie starben, war dies selbstverständlich. Heute, da der Ort des Sterbens – aus medizinischen Gründen häufig notwendigerweise – oft das Krankenhaus ist, viele Menschen keine nahen Angehörigen mehr haben oder das Berufsleben eine so intensive Begleitung nicht mehr zulässt, gibt es diese Selbstverständlichkeit leider nicht mehr. Umso schöner ist es, dass es Menschen gibt, die sich die Begleitung sterbender Menschen zur Aufgabe gemacht haben. Die Hospizbewegung ist gelebte Menschlichkeit. Sie gibt Hoffnung, nicht nur den Sterbenden, sondern uns allen, denn sie legt ein beeindruckendes Zeugnis ab von der Kraft der Nächstenliebe. Und sie holt Tod und Sterben dorthin zurück, wo sie hingehören: In das Leben und in die Mitte einer menschlichen Gesellschaft.

Markus Schächter

ZDF-Intendant

Spuren statt Staub

Im Fernsehen ist der Tod an der Tagesordnung: in Krimis fast pausenlos, als Mord und Totschlag, mit mehr oder weniger roher Gewalt. Der Tod nur ein gespielter Anlass zur Lösung eines spannenden Falles. Danach, daneben, dazwischen immer wieder Nachrichten, rund um die Uhr: Tod aus höherer Gewalt, bei Unfällen und Unglücken, in Katastrophen und immer noch und immer wieder in sinnlosen Kriegen. Dabei immer häufiger Selbstmord-Attentate: der eigene Körper als Sprengstoff, der Mensch als Waffe, das Leben ohne Wert, nur mit dem Zweck zu töten.

So gewohnt uns der Tod am Bildschirm erscheint, so fremd ist er im wirklichen Leben. Meist abgedrängt in Pflegeheime oder Hospizhäuser, wird dem Tod nur noch selten ins Auge geschaut. Und wenn doch, dann so kurz und so flüchtig wie möglich. Aber irgendwann kann man ihm nicht mehr ausweichen: Jetzt, da ich gerade mein siebtes Lebensjahrzehnt begonnen habe, wird mir noch mehr als bisher bewusst: Ich nähere mich einem Alter, in dem für meine Großeltern, ja selbst für meine Eltern, nicht mehr allzu viel vom Leben zu erwarten war. Und doch kann es auch und gerade heute jeden zu jeder Zeit erwischen. Die eigene Teilnahme an Beerdigungen nimmt spürbar zu. Die Todesfälle von

Gleichaltrigen, von Bekannten aus meiner Generation mehren sich merklich. Das Ticken der Uhr wird mit den Jahren lauter, auch wenn ich wie selbstverständlich hoffen will: noch zwanzig schöne Sommer.

Zuletzt traf es einen Kollegen aus dem nahen Umfeld im eigenen Sender. Er hatte einen besonders aggressiven Krebs, wusste genau, dass bald alles zu Ende ist. Ich saß an seinem Krankenbett. Über das Ende redeten wir nicht. Was es bedeutet, wusste er nicht und wollte es eigentlich auch gar nicht wissen. Niemand weiß es. Er war bei den besten Medizinern in besten Händen. Seine Schmerzen konnten sie ihm nehmen, seine Angst aber nicht. Er war Agnostiker, glaubte an gar nichts, an keine höhere Hand. Deswegen ging es am Ende für ihn wirklich um alles. Er starrte ins Leere. Er war bemüht, es sich nicht anmerken zu lassen. Vielleicht schämte er sich auch, kurz vor dem Ziel doch noch eine Schwäche zu zeigen. Vielleicht geht das innere Ringen auch keinen was an. Nach außen erscheint immer der Tod als Sieger.

Mit einem Studienfreund, dessen Frist ebenfalls frühzeitig zu Ende ging, wollte ich mich zu einer besonderen Begegnung treffen: Als er sich eben noch bewegen konnte, was ihm sichtlich schon schwerfiel, ging er mit mir in den Mainzer Dom. Dort wurde zum 1000-jährigen Jubiläum ebenso erst- wie einmalig ein Ballett aufgeführt: kein Totentanz, sondern Tanzen fürs Leben, auch zur Ehre Gottes, der als Gott des Lebens gilt, der uns die Fähigkeit gab, Bewegung als Ausdruck von Leben aufs höchste zu kultivieren. Das Credo des Choreographen: »Tanzen an und für sich kann ein Gebet sein, die Ausdehnung des Körpers, der Beine, der Arme wird zum Symbol für ein Sichöffnen, ein Erhöhen.« Wie Kirchtürme in den Himmel ragen, so kann sich auch der Mensch in die Höhe recken. Menschen haben die grandiosesten Gotteshäuser errichtet, unter Einsatz ihres eigenen Lebens, quasi für die Ewigkeit. In einem 1000-jährigen Gotteshaus stellt sich die Frage nach der Zeit, nach Leben und Sterben, ganz anders, in einer anderen Dimension. Dort, wo die kunstvollsten Grabdenkmäler an frühere Erzbischöfe, an große Reichsfürsten und bedeutende Kirchenmänner erinnern, hat man das Gefühl, dass sie vielleicht wirklich ruhen in Frieden. Geborgen für immer und nie vergessen. Mein Freund lässt sich bewegen, lebt tief noch einmal auf. Er blickt mit ganz anderen Augen.

Jedes Auge sieht anders. Ein Rezept gibt es nicht, wie man die Augen am versöhnlichsten für immer schließt. Vielleicht sind es Vorbilder, die uns am ehesten überzeugen, die uns helfen, wo es der Glaube nicht schafft. Vielleicht ist es, vor dem Dom auf dem Markt, die einfache Bauersfrau, bei der ich Stammkunde bin. Sie rackert sich ab, ohne je auch nur einen Ton zu klagen: »Es kommt, wie es muss.« Es kommt nicht auf den Geist an, sondern auf die Haltung des Geistes. Sie hat noch nie ein Ballett gesehen, nie ein Konzert gehört. Nicht ihr Verstand, ihr Auge spricht, glasklar: Sie lebt in einem natürlichen Einklang mit sich, mit Gott und der Welt. Das Sterben gehört zum Leben. Sie lebt tagtäglich damit, an ihrem Marktstand mit geschlachteten Hühnern oder gefangenen Fischen, die wir doch »frisch« nennen.

Wir alle wissen um unser Ende, seit unserer Geburt. Aber wir vergessen zu schnell und zu leicht. Besonders das Unangenehme. Einmal im Jahr ein »Memento homo quia mortuus es« am Aschermittwoch, nach der Fastnacht in Mainz. Das ist wenig, aber mehr als nichts. »Bedenke das Ende!« Wir hören es vielleicht 60, 70, 80 Mal im Leben, aber wir verstehen es selten in seiner vollen Dimension: Jeder Tag ist ein gelebtes Geschenk, nicht erst im Alter, wenn die Tage schon gezählt sind. »Danken« hängt mit »denken« zusammen. Der Mensch gilt als denkendes Wesen. Dies hat er den Hühnern und Fischen voraus. Es sollte kein Nachteil für ihn sein.

Was aber, wenn jemand im Alter nicht mehr denken kann? Wenn er die ohnehin schwierige Orientierung auf seinem Lebensweg vollends verliert? Wenn die Schmerzen stärker werden, als die Kraft zu denken und zu danken, auch zu glauben und zu hoffen? Vielleicht hilft es ihm schon, in aufblitzenden hellen Momenten einfach nur einen Blick zu wechseln, ein Wort zu tauschen, eine Hand zu halten. Oder vielleicht reicht es auch, einfach nur da zu sein. Man stirbt alleine, aber man ist nicht alleine.

Manchmal reichen auch schon Bilder: In wie vielen Altenheimen läuft Tag und Nacht der Fernseher als letztes Fenster zur Außenwelt. Es ist ein anderes Fernsehen: Man sieht noch einmal die heile Welt, andere Tatorte, lieber Leben als Leichen. Und das Fernsehen kann auch andere Formen des Sterbens zeigen. Ein besonderer Todesfall, ein einmaliger Ausnahmefall erregte vor einigen Jahren die Gemüter, im Guten und ein wenig auch im Schlechteren: Als der weithin beliebte und gefeierte polnische Papst endlich von seinem schweren Leiden erlöst war, gingen Fernsehbilder wie elektronische Ikonen um die ganze Welt.

Der verstorbene Papst hatte sein Kreuz vor allen Menschen auf sich genommen und hat damit auch unzählige Menschen bewegt. Fast vier Millionen Mitleidende pilgerten zur Trauerfeier nach Rom, von den Abermillionen am Bildschirm zu schweigen. Die letzte Botschaft des Papstes wurde verstanden: Auf seinem schlichten Holzsarg lag eine Bibel. Der Wind blätterte in ihr. Der Tod hatte nicht das letzte Wort. Der Geist Gottes weht, wo er will. Das griechische Wort für Wind ist das gleiche wie das für Atem, für Seele, für Leben, für Geist. Der Mensch lebt aus seinem Geist heraus. Warum soll der Geist nicht weiterwehen, wenn unser kleines Erdenleben erloschen ist? Und dass es weitergeht, ist die frohe, zumindest tröstliche Botschaft an unserem Ende. So ist das Kreuz auch nicht nur Symbol für den Tod, sondern gerade auch für seine Überwindung. Es ist eigentlich das

Symbol des Lebens, sogar des ewigen Lebens. In ihm verliert der Tod seinen Stachel und auch seinen Ekel.

Ob es wirklich so ist, wissen wir nicht. Doch wo das Wissen aufhört, hört das Denken nicht auf, und das Glauben fängt dort gerade erst an. Natürlich ist der Glaube ein Geschenk: Ein gläubiger Mensch stirbt anders. Ob er mit seinem Glauben auf dem rechten Wege war und ist, mag gar nicht mal so maßgebend sein. Entscheidend ist, dass er jene Gabe auch wirklich wahrgenommen hat, die den Menschen vom Tier unterscheidet. Ein Mensch verschwindet nicht einfach so wie die Fliegen, die wir im Sommer von unseren Scheiben am Auto kratzen, um wieder besser zu sehen.

Mancher redet dennoch beim Abgang eines Menschen verächtlich vom »Abkratzen«. Kann das unser letztes Wort sein? Oder ist es Grund zur ersten und zur letzten Frage: Wofür leben wir? Wofür sterben wir? Was hinterlassen wir? Was bleibt? Bleibt eine gigantische, raumgreifende Pyramide mit kostbarsten Grabbeigaben für die lange, weite Pilgerreise ins Jenseits? Oder bleibt bloß eine schmucklose, kahle Platte, 40 mal 40 Zentimeter, mit unserer Asche irgendwo anonym in einer großflächigen Urnenwand? Enden wir, auch ohne Krieg, namenlos wie der »Unbekannte Soldat«? Finden wir unseren Frieden in einer steinernen Mauer oder doch lieber in einem blühenden Grab? In welcher Dimension bewegen wir uns? Wie viele Dimensionen hat unser Grab, unser Tod? Was ragt über unseren Tod hinaus? Und was liegt davon in unserer Hand? Man kann uns zwar die Zukunft nehmen, aber nicht unsere Vergangenheit. Man kann uns nicht nehmen, dass wir da waren. Wir werden zwar wieder zu Staub, aber wir hinterlassen auch Spuren. Sichtbare Spuren auf dieser Welt. Und manch einer schafft es sogar, mit seiner Spur eine Ahnung von jenem Weg zu geben, der in eine andere Welt führen mag.

Prof. Dr. Annette Schavan

Bundesministerin für Bildung und Forschung

Die Würde des Menschen ist unantastbar

I.

»Die Würde des Menschen ist unantastbar.« So lautet der erste Artikel unseres Grundgesetzes. Das ist zum einen die unverrückbare Feststellung der Unveräußerlichkeit der menschlichen Würde. Zugleich formuliert dieser erste Artikel der Verfassung einen Anspruch an unser Handeln in Staat und Gesellschaft: Niemals dürfen wir Wege öffnen, die aus welcher Motivation heraus auch immer eine Gefahr für die Menschenwürde bedeuten könnten. Zum Begriff der Menschenwürde gehört auch die Einsicht in die letzte Unverfügbarkeit des Lebens.

Der Begriff der Menschenwürde hat zwei historische Wurzeln. Wir kennen den großen biblischen Gedanken der Gotteskindschaft eines jeden Einzelnen und die Gleichheit aller Menschen. Und es gibt die andere Linie, der sich auch der Begriff der Würde selbst, der DIGNITAS, verdankt. Diese geht auf einen philosophischen, stoisch-römischen Ursprung zurück. In dieser Überlieferung werden Vernunft, freier Wille und Selbstbestimmung des Menschen betont. Beide Linien sind in der Geistesgeschichte vielfach miteinander verschlungen.

Die Idee der Menschenwürde ist als fundamentale Idee in die Verfassung unseres säkularen Rechtsstaates eingegangen. Es kommt darauf an, dass die Menschen bedingungslos in ihrer Würde als Personen geachtet werden und dass sie – mit Hannah Arendt gesprochen – ein unveräußerliches Recht auf Rechte haben. Woher die Würde den Menschen zuwächst, steht dabei im Hintergrund. Ob sie von Gott geschenkt, von der Natur gegeben oder von der Vernunft gefordert wird, ist für den Anspruch an ihre unbedingte Achtung nachrangig. Unser Rechtsstaat setzt Menschenwürde als ein Fundament voraus. Sie steht nicht zur Disposition.

II.

Bei der Frage nach der Menschenwürde am Lebensende bewegen wir uns zwischen zwei Polen: Auf der einen Seite steht die Unverfügbarkeit des Lebens, auf der anderen Seite das Recht auf Selbstbestimmung. Beides sind Grundpfeiler unserer freiheitlich-demokratischen Ordnung. Beides ist durch die Verfassung geschützt.

Für viele Menschen bedeuten die neuen technischen Möglichkeiten Hoffnung und Aussicht, wo früher der Weg endete. Neben Hoffnungen wecken die neuen Möglichkeiten der Medizin auch Sorgen und Ängste. Viele Menschen haben Angst davor, dass sie als Schwerkranke in eine Situation geraten können, in der sie der Technik hilflos ausgeliefert sind. Ein wesentlicher Grund dafür, dass so viele Menschen den Wunsch nach einer Therapieverkürzung oder der Beendigung lebenserhaltender Maßnahmen äußern, liegt in dieser Angst vor dem Ausgeliefertsein an eine »kalte Apparatemedizin« und in der Sorge, Angehörigen und Freunden zur Last zu fallen. Diese Ängste und Sorgen müssen wir ernst nehmen. Die Gefahr ist groß, dass der Wunsch der Betroffenen nach individueller Beratung, vertrauensvollem Gespräch, Zuwendung und Begleitung immer mehr in den Hintergrund gerät.

Menschenwürdiges Sterben ist angesichts der medizinischen Möglichkeiten zu einer dringlichen Anfrage an unser Verständnis von Menschenwürde am Lebensende geworden. Es gibt den natürlichen Prozess des Alterns, eine Zunahme an Lebenserfahrung und Abrundung der Weltsicht. Und es gibt den davon verschiedenen und ganz eigenen Prozess des Sterbens, des Weggehens aus dieser Welt, der niemandem erspart bleibt und den jeder auf seine eigene Weise gehen muss.

Warum aber hat unsere Gesellschaft in den letzten Jahren gerade angesichts der unglaublichen medizinischen Möglichkeiten zur Verlängerung unseres Lebens das Sterben und die Sterblichkeit weitgehend aus ihrem Bewusstsein verdrängt? Dass wir dank medizinischer Fortschritte Leben verlängern können, darf uns nicht vergessen lassen, dass wir endliche Wesen sind, dass das Leben unverfügbar ist. Dass nicht wir Herr über die Zeit, den Anfang und das Ende sind.

III.

Der Tod gehört zum Leben. Gerade deshalb ist der Wunsch eines Menschen nach einem guten und möglichst schmerzfreien Sterben legitim. Aber der Weg dorthin kann nur über einen menschenwürdigen Umgang mit Schwerkranken und Sterbenden gehen. So wie jeder Mensch in seinem Leben unverwechselbar einzigartig ist, so ist er es auch im Prozess des Sterbens. Menschen sollen in Würde sterben dürfen.

Ewige Jugend, ausdauerndes Wohlbefinden und ein schmerz- und leidfreies Leben sind eine Illusion. Krankheit, Leid und Tod gehören zum Leben. Das alles ist gemeint mit Leben in Fülle. Und erst wenn wir das wirklich annehmen können, ist eine menschenwürdige Begleitung Schwerstkranker und Sterbender möglich. Die ökumenische Hospizgruppe Balingen begleitet Menschen auf der letzten Etappe ihres Weges. Sie gibt den Menschen die Hoffnung, dass mit dem Tod nicht alles zu Ende ist.

Bernhard Welte sagte: »Sterben ist der Ernstfall der Hoffnung.« In seinem ersten Brief nach Kleinasien spricht Petrus von der »lebendigen Hoffnung« gerade auch am Ende unserer Zeit: »Gepriesen sei der Gott und Vater unseres Herrn Jesus Christus: Er hat uns in seinem großen Erbarmen neu geboren, damit wir durch die Auferstehung Jesu Christi von den Toten eine lebendige Hoffnung haben und das unzerstörbare, makellose und unvergängliche Erbe empfangen, das im Himmel für euch aufbewahrt ist. Gottes Macht behütet euch durch den Glauben, damit ihr das Heil erlangt, das am Ende der Zeit offenbart werden soll. Deshalb seid ihr voll Freude, obwohl ihr jetzt vielleicht kurze Zeit unter mancherlei Prüfungen leiden müsst.«

Sandra Maria Schlegel

Schauspielerin

Kurz darüber nachgedacht

Als Katholikin mit einer italienischen Mama bin ich aufgewachsen in dem Glauben, dass Jesus für mich und meine Sünden gebüßt hat und für mich und alle Menschen am Kreuz gestorben ist. Jesus als mein Erlöser, dem ich es zu verdanken habe, dass ich ohne Schuld geboren bin. Von nun an hat alles, was ich tue, und jede Entscheidung, die ich treffe, eine direkte Konsequenz für meinen »Aufenthaltsort« nach dem Tod. Bin ich gut, komme ich in den Himmel, bin ich böse, komme ich in die Hölle. Ganz einfach. Gut oder schlecht. Gott oder Teufel. Weiß oder schwarz.

Mit der Zeit und dem Älterwerden und vor allem dem Erwachsenwerden stellt sich heraus, dass überhaupt nichts so einfach ist. Und in der Erwachsenenwelt lernt man vor allem eben nicht weiß oder schwarz, eben nicht entweder – oder, eben nicht das eine oder das andere. Der Kompromiss ist gefragt, das Abwägen, das »Ja vielleicht – aber«. Und schon ist alles kompliziert.

In meiner Kindheit beschäftigte mich vor allem folgende Problematik: In unserer Kinderbibel gab es eine eindrückliche Zeichnung von Gottes Hand, die mit einem Schwamm Sodom und Gomorrha wegwischt. Man sieht noch ein paar Häuschen stehen, aber dahinter die schon »saubergemachte« Fläche hinter dem Schwamm: Alles weiß. Kein Strich mehr zu sehen, kein Mensch, kein Tier, kein Feld, kein Haus. Nichts. Mein Problem also mit acht Jahren: Wo bin ich, wenn der Schwamm mich weggewischt hat?

Seither bin ich immer auf der Suche. Nach Antworten. Nach den richtigen Fragen. Nach einem Sinn, nach dem Sinn. Nach Wahrhaftigkeit. Was sich natürlich alles sehr schwierig gestaltet in einer immer schneller werdenden Welt mit so vielen verschiedenen Realitäten, wie es Menschen gibt, plus X. Meine Suche führte mich in die unterschiedlichsten Höhen und Tiefen, zu anderen Religionen, Weltanschauungen, Lebensweisen – und Weisheiten – und wieder zurück.

Viele Lebewesen, die meinen Weg kreuzten sind gestorben. Ich habe um sie geweint und getrauert, ganz gleich, ob es Tiere oder Menschen waren. Es war immer ein Verlust, der schmerzte. Irgendwann dachte ich, es ist doch sehr egoistisch zu trauern, denn ich beweine ja nur mich selbst – aber etwas blieb immer übrig. Ein großes Bedauern darüber, nicht mehr Zeit mit jemandem verbracht zu haben, nicht alles gesagt zu haben, was man vielleicht gerne gesagt hätte. Vor allem bei meinen Großeltern, die nun schon viele Jahre tot sind, bedaure ich es unendlich, sie nicht besser gekannt zu haben. Und was auch immer kommt, der Tod ist unausweichlich, und genau deshalb möchte ich eine solche Chance nicht mehr verpassen. Oder eben frei nach Marc Aurel:

Nicht den Tod sollte man fürchten, sondern dass man nie beginnen wird zu leben.

Der Tod ist ebenso ein Rätsel für mich, wie das Leben. Manchmal beängstigend, manchmal faszinierend, manchmal richtig, manchmal falsch. Aber eben ein Rätsel, das erst am Ende gelöst wird. Vielleicht.

Kathrin Schmidt

Schriftstellerin, Deutscher Buchpreis 2009

Mein letzter Tag

Es wäre schön, wenn ich kennen würde, meinen letzten Tag. Aber ich denke, er wird sich versteckt halten hinter all den anderen Tagen, weil er weiß, dass ich keine Angst vor ihm habe. Warum auch. Einmal war ich nah dran am Tod. Das war erst bedrängend, als die Rückkehr ins Leben anstand und ich sprechen, laufen, mich neu orientieren lernen musste. Wenn das wegfällt, und das wird es ja an meinem letzten Tag, kann ich mir den Tod nur noch als warmen, dunklen, voluminösen Kapuzenmantel denken. Stellte er sich mir vor, mein letzter Tag, würde ich ihn begrüßen mit einem starken schwarzen Kaffee. Dann hieße es aber: Beeilung, denn meine fünf verstreuten Kinder würde ich natürlich alle noch einmal sehen wollen. Allerdings unter einer Tarnkappe, damit sie nicht gestört werden bei ihren alltäglichen Verrichtungen. Maria lebt im norwegischen Trondheim als Violinistin mit Mann und zwei Kindern. Nina ist mit ihrer Tochter nach vier Jahren Bremen nach Berlin zurückgekehrt und studiert im Masterstudiengang an der Freien Universität Soziologie. Tilman hat sich dem Holzbau verschrieben, den er in Rosenheim studiert, um einmal Fachwerk restaurieren und Dächer aufsetzen zu können. Oskar ist angehender Mediziner und lebt in Berlin. Bei uns im Haus lebt nur noch Moritz, der dreizehn ist und Neugymnasiast. Ruhe und Zufriedenheit bewegt mich beim Blick auf alle fünf, und ich denke, das wird nicht zu ändern sein. Auch an meinem letzten Tag nicht. Ich werde spätabends erst zurück sein können, zwischen Trond- und Rosenheim liegen mehr als zweitausend Kilometer. Wenn noch Zeit bleibt, werde ich mir eine Flasche des geliebten Saale-Unstrut-Weines, weiß, öffnen. Bei kühleren Temperaturen werde ich mich an den Kaminofen setzen mit meinem Mann und seine Hand halten. Wenn es allerdings warm sein sollte, würde ich die weinbewachsene Terrasse am Haus bevorzugen. Ich sehe mich mit Kopfhörern sitzen, unter denen Bachs Cello-Suite Nr. 2 so laut sein kann, wie sie will. Wenn sie zu Ende ist, möchte ich gehen.

»Ich sterbe«, sage ich ruhig.

»Ja«, sagt mein Mann.

Prof. Dieter Stolte

Publizist, Journalist, Intendant des ZDF 1982–2002

Nachdenkliches Nachdenken über den Tod

Es gibt Erfahrungen, denen niemand entgehen kann. Sie sind zwangsläufig und häufig unerwartet. Sie kennen keine sozialen Unterschiede; nicht einmal die von Arm und Reich. Sie sind an keinen Ort und keine Zeit gebunden. Sie betreffen Jung und Alt gleichermaßen, können aber in unterschiedlichen Lebensphasen unterschiedlich stark empfunden werden. Die Rede ist vom Tod als dem ständigen Begleiter des Menschen. Er fürchtet ihn als das Ungewisse, das keine Umkehr mehr zulässt. Der Tod ist endgültig.

Wir alle wissen um den Kreislauf von Leben und Tod. Wir alle wissen um die Endlichkeit des Lebens und die Unausweichlichkeit des Todes. »Wolle nie zu wissen, wann die Stunde schlägt«, schreibt Ernest Hemingway in seinem Roman *Wem die Stunde schlägt*, »denn sie schlägt dir immer.« Obwohl wir vorbereitet sein müssten, trifft uns der Tod unerwartet. Er ist unerwünscht und nur in seltenen Fällen wird er als Erlösung empfunden. Das gilt selbst für schwerkranke Menschen, die bis zuletzt um ihr Leben kämpfen und die Hoffnung auf Genesung nicht aufgeben. Die Hoffnung stirbt zuletzt! Erst dann kommt der Tod. Der ist das Ende eines meist hoffnungsvoll begonnenen Weges.

Der Umgang mit dem Tod ist individueller Natur, gleichgültig, ob er einen selbst betrifft oder einen liebgewonnenen Menschen. Das Gefühl des Betroffenseins wächst mit der Nähe zum Tod, wenn er das eigene Kind, die Mutter oder den Vater betrifft. Verzweiflung kommt auf, man hadert mit dem Schicksal; wendet sich gegen Gott, der das Unfassbare zugelassen hat. Warum lässt er das zu; warum tut er mir das an?!

Mit der Trauer um den Toten wächst die Gewissheit, dass kein Leben umsonst ist. Denn im Unterschied zum Tier weiß der Mensch, dass jedem Anfang ein Ende innewohnt. Er kann nicht sterben, wie ein morscher Baum stürzt oder ein krankes Reh endet. Der Mensch muss sich dem Tod stellen. Er lebt in dem Bewusstsein, dass er sein Leben vor dem Tod und seinen Tod vor dem Leben verantworten muss. Ob dieser Vorgang bewusst erlebt wird, ist nicht zuletzt eine Frage der menschlichen Reife und des Selbstbewusstseins, das geistige und seelische Erkenntnisprozesse zulässt und fördert. Denn kein Leben ist umsonst.

Für Christen – und auch für Moslems – ist der Tod nur das Ende des irdischen Lebens, das häufig als Mühsal erfahren wird. Die Heilsgewissheit gibt ihnen die Gewähr, dass es ein Leben nach dem Tode gibt, in dem alle Qualen enden und zugefügtes Leid und Unrecht gesühnt werden. Die Redewendung »Er hat seinen Frieden gemacht« bedeutet in diesem Sinne nicht das Ruhen der Waffen, sondern mit sich selbst ins Reine gekommen zu sein und die Hoffnung auf ein neues – womöglich besseres – Leben. Seit Menschengedenken verbindet sich damit die Vorstellung vom Paradies. Niemand hat von ihm eine konkrete Anschauung, denn niemand ist bisher von dort zurückgekehrt. Und wer sie dennoch gewagt hat, wie die Künstler des Mittelalters, verbindet mit seiner Anschauung vom Paradies mehr Glauben als Wissen. Weil wir so wenig wissen, fällt es auch so schwer, einen Menschen angesichts des Todes zu trösten und Abschied zu nehmen.

Nicht von ungefähr beginnt jede Trauerrede, gleichgültig, ob von einem Priester oder Freund gesprochen, mit dem Eingeständnis, nicht trösten zu können. Trost kann nur aus einer tieferen Geborgenheit kommen. »Niemals fällst du aus der Schöpfung Schoß«, sagt Werner Bergengruen, was so viel bedeutet, dass Trost nur in Gott gefunden werden kann und nicht durch Aktionismus von außen. Im Erkennen des von Gott aufgegebenen Wegs kann Trost aufkommen. Im Erinnern und in der Liebe liegt die Kraft, die sowohl irdisch wie auch transzendental verstanden werden darf.

Zum Tod gehört die Fähigkeit, loslassen zu können. Dafür gibt es keinen Zeitpunkt und keinen Rat. Sie ist wie der Tod selbst ein individueller Vorgang. Der peruanische Schriftsteller Sergio Bambaren hat seine Erfahrung in das Bild eines alten Delphins gekleidet, der angesichts der Nachricht vom Tode eines Freundes zu seinem Schwarm sagt: »Vielleicht bedeutet Liebe auch lernen, jemanden gehen zu lassen, wissen, wann es Abschiednehmen heißt. Nicht zulassen, dass unsere Gefühle dem im Wege stehen, was am Ende wahrscheinlich besser ist für die, die wir lieben.«

Diese Liebe ist selbstlos und uneigennützig. Sie anerkennt, dass der Tod ein unveräußerlicher Kern eines jeden Menschen ist, über den kein anderer verfügen kann außer Gott. Die Demut, dieses Schicksal anzuerkennen, sagt mehr über die Größe eines Menschen aus, als alle denkbaren Heldentaten. Sie ist der Sieg über den Tod.

Laura-Charlotte Syniawa

Schauspielerin

Ein unbekanntes Wegstück

Meine Begegnungen mit dem Tod beschränken sich auf wenige Beinahe-Kollisionen und solche, die nur leichte Kratzer hinterließen. Ich führe mein junges Leben mit einer Unbeschwertheit, die ich Voraussetzungen wie Gesundheit, Liebe, Freundschaft, Freiheiten und Sicherheiten verdanke. Was habe ich zu sagen über das Leben und das Sterben?

Ich kann sagen, dass ich bisher weitestgehend verschont geblieben bin von schweren Verlusten und konkreten Ängsten vor dem Tod. Und doch kenne auch ich die Angst um eine geliebte Person, die erkrankt ist, die alt ist, die sich nicht zum vereinbarten Zeitpunkt meldet.

Aber wenn ich an den eigenen Tod denke, sind das nicht solche konkreten Ängste, die mich beschäftigen. Ich erinnere mich an schlaflose Abende in der frühen Kindheit, da sich in meiner Gedankenwelt der Tod erstmals als der furchteinflößende Unbekannte vorgestellt hat, der er bis heute für mich geblieben ist und der er für so viele andere auch sein mag. Man kann versuchen, sich den schwersten Dingen zu stellen, sich gedanklich auseinanderzusetzen, sich vorzubereiten. Doch wenn man einem Unbekannten gegenübersteht, scheint diese Begegnung eine schier unmögliche Aufgabe zu sein.

Was auch immer passieren mag, wie auch immer es sich anfühlen wird; es wird nicht das Gleiche sein wie das Leben, das ich kenne.

Dieser Gedanke hielt mich stets gefangen, wann immer ich mir Gedanken über das Sterben machte, sei es durch ein Buch oder durch einen erkrankten Bekannten – der Gedanke an das so oft fehlende Bewusstsein für das Leben, für mein Leben, seine Einzigartigkeit und seine Begrenztheit.

Diese Tage, an denen ich intensiver über den Tod nachdachte, waren jedes Mal von einer Sensibilität für das Leben gekennzeichnet, die mich fast überrollte. Das Wort »Bewusstsein« trifft es wohl am besten; ich lebte ein paar Tage so bewusst, wie ich es mir für jeden anderen Tag nur wünschen könnte: Ich genoss die kleinen Kostbarkeiten dieser Welt, für die ich mir so häufig nicht die nötige Zeit nahm. Den Anblick und den Geruch von Blumen, der mich so leicht fröhlich stimmen kann, genoss ich noch mehr. Ich nahm mir die Zeit, Musik mit voller Aufmerksamkeit und nicht nebenbei zu hören. Ich versuchte, den mir wichtigen Menschen zu zeigen, wie viel sie mir bedeuten.

Und andererseits konnte ich an solchen Tagen über Kleinigkeiten hinwegsehen, die mich sonst verärgert hätten. Plötzlich schien es einfach, Wichtiges von Unwichtigem zu unterscheiden und mit dem Aussortierten keine Energie mehr zu verschwenden. Ich war gelassener und dankbarer.

Doch diese Veränderung in mir verebbte nach einigen Tagen immer wieder, die besondere Aufmerksamkeit für das Leben ließ wieder nach. Vermutlich ist das einfach so. Es kann ja auch nicht nur ratsam sein, stets und immer daran zu denken, dass man sterben muss. Es sind nur diese Intensität des Fühlens und diese feineren Antennen für das Leben um mich herum, die ich mir erhalten möchte, auf die ich nicht mehr verzichten will. Und tatsächlich gelingt es mir jedes Mal ein bisschen besser, die Empfindsamkeit dieser besonderen Tage mit in den Alltag zu nehmen und jeden gelebten Augenblick ein wenig mehr zu schätzen.

Nun werden diese Gedanken Menschen lesen, die nah am Übergang zwischen Leben und Sterben angekommen sind. Menschen, die Schönes und Schweres hinter sich und Unbekanntes vor sich haben. Und ich wünsche ihnen, dass sie ihre persönlichen lebendigen Antennen auf die schönen Dinge legen; auf die Sinneseindrücke, die sie schätzen, und auf die Personen, die ihnen teuer sind, um so das letzte Stück Weg mit einer inneren Ruhe und einer Intensität zu begehen, die Kraft gibt für die Begegnung mit dem Unbekannten und ihm vielleicht ein wenig die Bedrohlichkeit nimmt.

Ich möchte Kraft wünschen auf diesem unbekannten Weg und versprechen zu versuchen, meine Achtsamkeit zu bewahren.

Viel Glück auf dem Weg.

VI.
Trauer und Schmerz überwinden

»Ich wusste nicht mehr ein noch aus, mein Leben hatte seinen Sinn verloren.« So sagte ein Mann, der seine Frau verloren hatte. »Es hat mir den Boden unter den Füßen weggezogen.« So empfand eine Frau, als ihr Mann verstorben war.
Trauer ist die normale Reaktion der Seele auf einen schweren Verlust. Normal, und doch erleben sie Trauernde als nicht mehr normal, haben häufig das Gefühl, weit und breit der einzige Mensch zu sein, der eine solche Erschütterung in seinem Leben durchleiden muss, haben das Gefühl und machen auch oft die Erfahrung, von anderen nicht verstanden zu werden. Falscher Trost ist meist der Ausdruck von Unsicherheit der anderen, wie sie mit einem Trauernden umgehen sollen. Erleichterung lässt sich vielleicht dort finden, wo auch andere in und mit ihrer Trauer sich zeigen oder einfach bereit sind, da zu sein und zuzuhören wie die drei Freunde Hiobs. Die »saßen mit ihm auf der Erde sieben Tage und sieben Nächte und redeten nichts mit ihm; denn sie sahen, dass der Schmerz sehr groß war«. (Hiob 2,13)

Mirjam Dröge

Bildende Künstlerin, Fotografin

Die Wolke und der Sonnenstrahl

Als Kind habe ich das Grab meines Großvaters zusammen mit meiner Großmutter besucht, um es zu pflegen. Ich weiß nicht mehr, wie es kam, aber ich stellte mir meinen Großvater auf einer Wolke sitzend über seinem Grab vor: Ich schaute hoch, und er schaute herunter. Eigentlich war es nur sein Porträt – in Schwarzweiß, welches von der Wolke auf mich hinabblickte. Denke ich einen Moment darüber nach, erinnert es mich sehr an das Passfoto von ihm, das auf dem Küchenschrank bei meiner Großmutter stand.

Schon als Kind lernte ich, dass alles Zyklen untersteht, dass sich Leben und Tod gegenseitig bedingen. Mein Großvater starb einen Monat vor meiner Geburt.

»*Sei Leben, Tod und alles was dazwischenliegt*«, ist eine Textstelle aus meiner neuen Arbeit »*Anrufung*«. Sie befasst sich mit Riten, Spiritualität und Glauben. Persönlichem Glauben, persönlichen Überzeugungen und persönlichen Handlungen. Anrufungen und Riten sind Gesten, die uns Menschen Halt und Lebenssinn geben und das Gefühl, verbunden zu sein.

Als mein Großvater und ich uns über sein Grab hinweg ansahen, weiß ich gar nicht, ob ich mich mit ihm verbunden fühlte. Aber es war die Situation, ihm gegenüberzustehen, die mir weniger befremdlich vorkam als dieses Grab unter der Wolke. Das Grab war mir unheimlich. Friedhöfe empfand ich als furchterregend. Die Vorstellung eines Körpers dort unten, tief in der Erde, war für mich unwirklich.

Inzwischen liegen in diesem Grab neben meinem Großvater meine Großmutter und mein Vater. Ich besuche das Grab immer noch nicht sehr gerne, aber das Bild der Wolke trage ich in mir fort. Jetzt sind sie zu dritt, und nun blicken alle drei auf mich ... Diese Vorstellung ist beruhigend, sie macht mich schmunzeln. Mir gefällt das Bild – das liegt womöglich daran, dass ich viel und gerne mit Fotografie arbeite. Bilder sind mein Medium. Meine Ausdrucksweise. Und scheinbar als Kind meine Übersetzungsstrategie ...

Und ja, ich glaube an Schutzengel oder anders gesagt, ich glaube, dass mein Vater auf uns aufpasst. Ich spreche mit ihm überall – laut sowie leise. Menschen reagieren manchmal irritiert, wenn ich meinen toten Vater an der roten Fußgängerampel anmaule, dass er doch bitte besser auf seine Frau aufpassen soll!

Ja, auch mit Toten darf man schimpfen – falls es nötig ist.

Eine wichtige Erfahrung in unserer Familie war und ist, dass mit dem Tod neues Leben verbunden ist. Es ist nie im Ungleichgewicht. Leben und Tod sind so nahe beieinander, dass es mir manchmal einen Schauer über den Rücken jagt. Kann das möglich sein? Irgendwie schon. Und irgendwie weiß jeder, dass, wenn man etwas loslässt, etwas Neues kommen kann.

Trauer ist wichtig, auch das habe ich gelernt. Nach dem Tod meines Vaters habe ich erfahren, wie heilsam Berührungen sind. Jede Umarmung hat mir geholfen. Jede Berührung hat mich mit der Welt, mit dem Leben verbunden und hat mich ein Stück getragen. Trauer ist wichtig, der Schmerz ist richtig, da müssen wir durch, sonst macht er uns krank.

Ich habe lange gebraucht, bis ich durch war. Meinem Bruder

fiel es etwas leichter – oder anders: Er hat Kinder, er konnte sich vielleicht gar nicht so sehr hineinfallen lassen wie ich. Er hat mir beigebracht, dass es wichtig ist, sich auf seine Trauer zu konzentrieren, sie nicht überall hineinfließen zu lassen, sondern ihr dann gewahr zu werden, wenn der Schmerz da ist – genau in dem Moment hineinfühlen und annehmen – weinen, schluchzen oder schreien.

Vielleicht ist man nie ganz über den Verlust hinweg, aber inzwischen habe ich meinen Vater in seiner neuen Form, mit seinen neuen Aufgaben akzeptiert, nun kann ich anders an ihn denken. Neue Lebensabschnitte empfinde ich nicht länger als traurigen Verlust oder als weiteres Erlebnis, welches ich nicht mit meinem Vater teilen kann. Heute sage ich ihm: Schau her! Schau genau hin, das habe ich geschaffen. Das ist meine Kunst, und dies ist mein Leben, und ich weiß, dass du da bist.

Er gab mir in seinem Leben viel Kraft und Zuversicht. Jetzt habe ich gelernt, für mich zu sorgen, um mir selbst den Rücken zu stärken und ihn mir von meinen Lieben stärken zu lassen. Ich habe mich darauf eingelassen, meine Emotionen zuzulassen, sie anzuschauen. Ich habe am eigenen Körper erfahren, dass es nicht gut ist, sie wegzudrücken. Falls du ein wenig bist wie ich, dass dir zum Beispiel dein Rücken kalt ist, weil du das Gefühl hast, dass diese Hand auf deinem Rücken fehlt, die dir zuvor Schutz und Wärme gegeben hat, dann lass den Schmerz zu – aber sei auch ehrlich und frage dich, was du brauchst.

Die Wunde schließt sich ganz allmählich – die Erinnerung bleibt, doch sie ist eigen. Sie ist persönlich. Das Schließen der Wunde, der Lücke, ist individuell. Es bedeutet nicht Verrat, wenn etwas Neues in unser Leben tritt und etwas übernimmt oder ebenfalls Gefühle wachruft, die mit der verstorbenen Person zu tun haben – es ist das Leben und sein eigener Zauber, seine eigene Magie. Wir begegnen den Dingen, die wichtig für uns sind. Wir machen jene Erfahrungen, die uns Wachstum bringen – auch wenn es uns nicht gefällt, wir gehen weiter.

Ich für mich habe gelernt, nicht zu sehr an den Abbildungen meines Vaters zu hängen – ich empfinde sie als zu leblos. Für mich sind die Verstorbenen lebendiger in greifbaren Erinnerungen. Was hätten sie zu welcher Situation gesagt? Was haben sie in ihrem Leben gemacht? Was war ihnen wichtig? Wie haben sie gelacht, wie waren sie, wenn sie sich ärgerten? Wie war ihre Haltung? Was haben sie genossen? Haben sie das Leben genossen?

Eine weitere Kindheitsübersetzung sind Sonnenstrahlen. Manchmal, als Kind, wie auch heute, stelle ich mir vor, dass der Sonnenstrahl wie die Berührung mit einem lieben Menschen ist. Das Streichen des Sonnenstrahls über mein Gesicht ist dann wie ein Kuss auf meine Wange.

In einem meiner Träume hatte ich eine Begegnung mit meinem Vater. Er war gerade seit zwei Jahren verstorben. Im Traum strahlte er mich an und strich mir mit seiner großen Hand einmal über meine Wange. Als ich am nächsten Morgen erwachte, spürte ich die Hand auf meiner Wange ganz deutlich – diese Erinnerung rührt mich heute, drei Jahre später, noch zu Tränen. Sie zeigt mir ganz konkret, wie die Anderswelt mit unserer Welt verbunden ist, denn es ist meine Entscheidung, wie ich mein Leben lebe, wie ich meine Zeichen lese. Jeder Mensch trägt seine eigene Wahrheit in sich. Unsere Überzeugungen lesen wir uns an, eignen wir uns an, überlegen wir uns, übernehmen wir von Erfahrungen, aus unserer Erziehung. Diese Mixtur arbeitet in uns, und das was wir davon annehmen, ist das, was wir glauben. Unsere eigene innere Wahrheit. Meine tritt mir oft als alte, weise Frau gegenüber. Eine sanfte, etwas rundliche, alte, vitale Dame. Ihre Haare sind zu einem Knoten gebunden. Sie trägt einen langen Rock und eine lange gestreifte Strickjacke. Meistens hat sie die Hände übereinandergelegt und dann schaut sie mich erst einmal an. Sie beobachtet mich. Ihr gegenüber fühle ich mich meist sehr hitzig und gehetzt. Das liegt an ihrer Ruhe und ihrer Sanftmütigkeit. Sie ist das, wo mich mein Leben hintragen wird. Geprägt von Sterben und Trauer, aber auch von Lebensfreude und meiner eigenen Entscheidung, ja zu meinem Leben zu sagen.

Für mich war es wichtig, einen größeren Sinn im Leben aufzuspüren. Jeder hat eine eigene Antwort auf diese große Lebensfrage. Ich habe für mich jene Antwort gefunden, die mir das Leben lebenswert erscheinen lässt. Die Verantwortung für das eigene Leben bleibt, wenn eine nahe Person entschläft. Es gerät alles auf einmal durcheinander. Wir empfinden wieder, was im Leben wirklich wichtig ist. Ich glaube, das ist das Geschenk des Todes – er macht uns besonnen, er macht, dass alle Reize nicht mehr reizvoll sind. Ich hatte das Gefühl, zurück auf die Erde geworfen worden zu sein. Nackt auf pure, braune, lehmige Erde. Selten steigt mir heute der Geruch in die Nase, um mich zu erinnern, das sind besondere Momente.

Es gibt einen kurzen Text, der mir sehr viel Trost gibt, wenn ich ihn höre. Ich weiß nicht, woher er kommt. Er ist einfach da:

»Wenn ich tot bin, darfst du gar nicht trauern, meine Liebe wird mich überdauern und in fremden Kleidern dir begegnen und dich segnen. Lebe, lache gut, mache deine Sache gut.«

Mich hat es befreit zu tanzen – wild zu tanzen, laut zu tanzen und mein Herz zu öffnen. Außerdem habe ich begonnen, mir meine ganzen Ahnen hinter mir vorzustellen: direkt hinter mir mein Vater – hinter meinem Vater alle vier Großeltern und hinter diesen deren Eltern und dahinter wiederum alle Elternteile usw. – das sind in kürzester Zeit unheimlich viele Menschen, und alle stehen da und stehen hinter dir. Das hat Kraft!

Was auch immer dir Trost gibt, gestehe es dir zu, aber löse dich nicht darin auf.

Anselm Grün

Benediktinerpater

Trösten

Wenn es einem Menschen schlechtgeht, wenn er beispielsweise über den Verlust eines lieben Menschen trauert, dann braucht er Trost. Doch Trösten will gelernt sein. Wer uns dann nur vertröstet, gegenüber dem werden wir aggressiv. Was heißt trösten? Gehen wir vom Wort aus. Das deutsche Wort »Trost« hat mit Festigkeit zu tun. Und es ist verwandt mit treu und trauen. Wer mich mit billigen Trostworten abspeist, hilft mir nicht weiter. Trost spendet nur der, der mir wieder Halt gibt in meiner Haltlosigkeit. Das heißt aber auch, dass er zu mir steht, dass er es bei mir aushält und sich von meiner Not nicht umwerfen lässt.

Trauern heißt: fallen, sinken, matt und kraftlos werden. Wer einen Trauernden tröstet, soll ihm wieder Kraft schenken und ihn dadurch aufrichten. Wer tröstet, muss sich in mich einfühlen können. Aber er braucht zugleich Abstand. Sonst wird ihm durch meinen Schmerz der Boden unter den Füßen weggezogen. Dann kann er nicht fest stehen und mir keine Festigkeit, keinen festen Stand ermöglichen. Wer tröstet, muss dem Leben trauen und mir etwas zutrauen. Und ich erwarte von ihm, dass er treu ist, dass er sich nicht durch ein paar Trostworte aus der Affäre zieht, sondern in Treue bei mir aushält, auch wenn es mir noch länger schlechtgeht.

Im Lateinischen heißt trösten »consolari«. Es bedeutet: mit dem Einsamen sein. Trösten ist also der Mut, sich in die Einsamkeit des anderen hineinzuwagen und mit ihm zu sein, bei ihm zu bleiben, mit ihm seine Einsamkeit auszuhalten. Trauer vereinzelt. Wer um einen verstorbenen Menschen trauert, der erfährt sehr schnell, wie er einsam wird. Viele können mit seiner Trauer nichts anfangen. Sie vertrösten ihn, dass die Trauer schon nach ein paar Wochen vergehen wird. Wenn er aber dann nach einem halben Jahr immer noch über den Verlust seines Ehepartners trauert, dann wenden sich die Freunde ab. Sie wollen mit der Trauer nichts zu tun haben. Sie wollen sie nicht an sich heranlassen. Sie wollen ihre gewohnten Wege gehen und sich von der Trauer des Freundes oder der Freundin nicht verunsichern lassen. Wer tröstet, braucht den Mut, in die Einsamkeit des Trauernden einzutreten, ihn anzuhören, wie es ihm wirklich geht. Wer vertröstet, der lässt die Trauer des anderen nicht zu. Er muss sie beschwichtigen, verharmlosen. Ich muss erst das ganze Ausmaß der Einsamkeit eines Menschen erspüren, um wirklich mit ihm sein zu können. Ich habe dann keine Patentrezepte, sondern ich bin nur bei ihm. Ich fühle mit ihm. Ich gehe mit ihm. Ich halte es bei ihm aus, auch wenn er sich selbst oft nicht aushält.

Mir erzählen viele Trauernde, dass sie sich in ihrer Trauer einsam fühlen, dass es keinen gibt, der sie wirklich tröstet. Offensichtlich haben wir verlernt zu trösten. Doch trösten ist nicht nur eine wichtige menschliche Haltung. Die Pfingstsequenz besingt den Heiligen Geist als den Tröster: »Consolator optime = bester Tröster«. Wer einen Menschen trösten will, der braucht dafür den Heiligen Geist. Und wer erfahren darf, dass er dem anderen zum Trost geworden ist, in dem hat der Heilige Geist gewirkt, auch wenn er es nicht bewusst erfahren hat. Bitten wir den Heiligen Geist, dass er uns selbst tröstet, damit wir fähig werden, einander zu trösten.

Prof. Dr. Gabriele Krone-Schmalz

Journalistin, Autorin

Keine Angst vorm Fallen

Ob ich mich beteiligen wolle an einem Buch, dessen Erlös der Hospizbewegung zugutekommt – natürlich wollte ich. Es passte zwar gerade terminlich überhaupt nicht, aber aus mindestens zwei Gründen war für mich schnell klar, dass ich das irgendwie schon hinkriegen würde. Zum einen habe ich mich bisher immer an »so was« beteiligt, ob es um die Welthungerhilfe ging, bei der ich ein Jahr lang auch einmal die Schirmherrschaft übernehmen durfte, um Unicef oder um Krebshilfe. Und zum anderen gehört Schreiben zu meinen Grundbedürfnissen wie Essen und Trinken, Schlafen und Atmen. Der Zeitpunkt der Anfrage lag allerdings wirklich extrem ungünstig, und so traf es sich gut, dass sich der ursprünglich vorgesehene Redaktionsschluss immer wieder nach hinten verschob. Ich sah nicht nur gute Chancen, einen Text beisteuern zu können, ich freute mich regelrecht darauf, für dieses Projekt etwas zu Papier zu bringen, obwohl das Thema Sterben belastet und mit diffusen Ängsten verbunden ist. Und doch gehört es zum Alltag. Eigentlich. Das Selbstverständlichste überhaupt. »Der Tod gehört zum Leben.« Ob alle, die das so sagen, es auch wirklich meinen? Und ob die, die es meinen, wirklich wissen, was es bedeutet? Konkret und praktisch, nicht nur in der Theorie und als »Nicht unmittelbar Betroffener«.

Noch hing ich den Gedanken nach, welchen Schwerpunkt ich in meinem Beitrag setzen wollte, da starben kurz hintereinander drei Menschen, mit denen ich über Jahre verbunden war. Und es blockierte mich. Total. Die Bausteine meines im Entstehen begriffenen Textes zerfielen. Sie waren entweder ganz verschwunden oder passten nicht mehr. Meine Trauer über den Verlust dieser eben noch lebendigen Menschen mit ihrer Mimik, ihren Gesten, ihrem Geruch ging niemanden etwas an. Darüber hätte ich schreiben können, aber nicht für die Öffentlichkeit. Und alles andere klang plötzlich unerträglich banal. Da war nichts außer Leere.

Was tun? Das Projekt liegt mir am Herzen. Also dann ein Sachtext darüber, wie wichtig Sterbebegleitung ist, nicht allein zu sein, sich fallenlassen zu dürfen, Vertrauen zu haben, so weit wie möglich angstfrei die letzten Atemzüge tun zu können. Aber das war nicht das, was ich ursprünglich loswerden wollte.

Gedanken zum Thema Sterbehilfe? Gehört das hierher? Mein Standpunkt ist klar: Ich möchte, dass alle Menschen das Recht haben, in Würde sterben zu dürfen. Aber was heißt schon klar? Wie klar ist das, wenn irgendwo noch ein Fünkchen Hoffnung glimmt, dass sich die ganze Quälerei mit der Chemo und den Medikamenten vielleicht doch lohnt, um noch ein paar Jahre mit den geliebten Menschen rausholen zu können? Wie verändert sich der klare Standpunkt, den man als Gesunder bezieht, wenn aus der schönen Theorie brutale Praxis wird? Welche Rolle spielen Gedanken wie: Darf ich das denen antun, die hierbleiben und von mir erwarten, dass ich gefälligst kämpfe?

Mit meinem eigenen Tod habe ich mich oft beschäftigt, schon in jungen Jahren. Damit, wie ich ihn mir wünschen würde, was mir bis zum Schluss wichtig ist und was ich unbedingt vorher erledigt haben wollte. Aber was geht das andere an?

Also gut. Dann etwas Tröstendes, großherzig Gelassenes, Friedliches. Wie soll das gehen, wo ich doch selbst Trost brauche? Aber vielleicht kann ich gerade daraus Trost schöpfen, dass es diese Menschen gibt, die sich in den Hospizen engagieren und denen ich so gerne durch diesen kleinen bescheidenen Beitrag helfen möchte. Bei alldem Leid, mit dem Sterben und Tod umgeben ist – für diejenigen, die gehen, und vor allem für diejenigen, die bleiben –, ist es tröstlich zu wissen, dass solche Menschen existieren. Auf Menschen zu treffen, die ehrlich sind, keine falschen Hoffnungen wecken, einem den Abschied erleichtern, Kraft geben, loslassen zu können. Wer an Gott glaubt, tut sich – vermutlich – leichter mit dem Loslassen. So oder so – von Menschen umgeben zu sein, deren Aufrichtigkeit und Zuwendung man spürt, die einen beim Loslassen an die Hand nehmen, damit man keine Angst vorm Fallen hat.

Claudia Wenzel

Schauspielerin

Am Leben bleiben

Wenn man an jemanden ganz stark denkt, bleibt der Betreffende auf ganz wundervolle Weise am Leben

Meine Großmutter, Ida Wenzel, ist 1978 gestorben, in dem Jahr, als ich mein Schauspielstudium begann. Ihr Wunsch als junges Mädchen war es immer, Schauspielerin zu werden. Sie sang, dichtete und spielte im Dorfverein im Sudetenland. Es war eine Zeit, in der so ein Berufswunsch, und dann noch als Frau, gar nicht zu verwirklichen war. Ich erinnere mich, wie sie bei den Besuchen in Ostdeutschland – meine Familie war durch die Vertreibung getrennt, meine Eltern lebten mit mir und vier Geschwistern im Osten, meine Großeltern in Westdeutschland – uns Lieder vorsang und Geschichten erzählte. Ein Lied kann ich heute noch: »Schauen Sie mich bitte ganz genau mal an, ich bin hergestellt aus Meißner Porzellan, wer mich kaufen will, der muss verstehn, angemessen mit solch Sachen umzugehn.« Immer spürte ich ihren Traum und ihre Sehnsucht von der Schauspielerei. Als ich im Sommer 1978 mit meinem Traum begann, Schauspielerin zu werden, wusste ich, dass ich auch ihren Traum verwirklicht habe. Und nun ging sie ... so als hätte sie nur darauf gewartet. Unendlich traurig war ich an diesem Tag im August, wollte ich doch so sehr, dass sie mich eines Tages auf den »Brettern, die die Welt bedeuten« sehen kann. Heute weiß ich, dass sie mich oft genug gesehen hat und viele Ereignisse in meinem Beruf ganz fest mit ihr verbunden sind: Nach der Wende drehte ich eine meiner Erfolgsserien, »Dr. Stefan Frank«. Sieben Jahre lang in München und Umgebung, dort, wo meine Großmutter gelebt hat. Wenn das kein Zeichen ist ... Ich stand an ihrem Grab bei München und spürte ihre Nähe und ihre Freude und ich war glücklich, dort endlich stehen zu können. Zu DDR-Zeiten war es meinen Eltern und uns Kindern nicht gestattet worden, zur Beerdigung in den Westen zu fahren. So unmenschlich war dieser Staat.

VII.
Die Grenzen des Lebens durchdringen

Immer wieder haben Künstler versucht, sich dem Rätsel des Todes zu nähern, in Bild, Ton und Wort haben sie ihrer Vorstellung Ausdruck gegeben. In der Kunst finden wir die Möglichkeit, die Grenzen unseres Lebens auszuweiten, ja sie zu durchdringen.

Bilder, die uns auch durch Worte in Lyrik und Prosa erreichen, und Geschichten sprechen uns besonders dann an, wenn sie Gedanken und Gefühle zum Ausdruck bringen, die irgendwie unsere eigenen, in uns angelegt sind. Vielleicht sind Dichter daher Stellvertreter für uns, die dem Tiefsten in uns selbst Ausdruck verleihen können. Vielleicht zeigen sich aber in Gedichten und Geschichten Tod und Trauer in ganz neuen Perspektiven.

Friederike Becht

Schauspielerin

Der Tod

Er kommt leise,
startet ganz auf eigne Weise,
fragt nicht wie und sagt nicht wo,
trägt dich hin ins Nirgendwo.

Man sagt, er sei tückisch,
böse, gemein,
verletzend und kalt – das alles in ein'm.

Doch keiner weiß, dass der Tod
doch ein Freund in Wirklichkeit:
Er nimmt das Leid, den Schmerz, den Kummer –
er ist das Tor zur Ewigkeit.

Geschrieben für meine Oma; zum Abschied am 22.1.2002

Philipp Sonntag

Schauspieler

Die hölzerne Brücke

Harry, 76 Jahre alt, saß wie jeden Samstagabend gegen neun neben dem Kühlschrank in Hillis Designerküche und half ihr bei der Zubereitung des Zitronenbiskuits, der morgen Nachmittag, wie jeden Sonntagnachmittag, von ihm, von ihr, von einem seiner Söhne und von Weber mit seiner neuen Flamme beim Biskuit-Brunch verzehrt werden würde. Harry mochte Hillis Kreationen nicht. Trotzdem würde er zwei Stück davon essen, weil er aß, was auf den Tisch kam. Weber lag in einem Liegestuhl auf der Terrasse und schlief mit offenem Mund. Seine Neuerwerbung blätterte in einer Modezeitschrift. Weber war alt geworden. Hilli war alt geworden. Harry war alt geworden.

Von Turchu war schon lange nicht mehr die Rede in seiner heutigen Welt. Die ganze Geschichte war aus seinem Leben verschwunden, als hätte sie nie stattgefunden, und hatte lediglich einen diffusen Kummer in seiner Seele hinterlassen, den er nie mehr losgeworden war. Kurz nachdem Harry Turchu zum letzten Mal gesehen hatte, hatte sein Anwalt die Vaterschaftsanfechtungsklage eingereicht. Das Gericht hatte bestätigt, dass er nicht Olivias Vater war. Der Spuk war vorbei gewesen. Harry hatte Turchu und Olivia nie mehr gesehen. Als er ein paar Wochen nach der Urteilsverkündung an Turchus Wohnung geklingelt hatte, hatte ihm eine Frau geöffnet, die er nicht kannte und die nichts von einer Turchu und einem Kind wusste. Er hatte auch nie mehr eine ihrer Freundinnen gesehen. Bei seinen sporadischen Versuchen, in Turchus ehemaligem Bekanntenkreis etwas über ihren Verbleib zu erfahren, konnte ihm niemand Auskunft geben. Niemand erinnerte sich mehr an das Mädchen aus Dakwan.

Hillis Projekt »Bruno – road to heaven – Ein Ketzermusical« war überflüssig geworden, als Hilli Harry zurück in ihre und seine – wie sie meinte – Welt geholt hatte, weg vom Abgrund. Es hatte nicht zur Feng-Shui- und inzwischen Altersweisheit-durchtränkten Ehe von Hilli und Harry gepasst. Ja, Ehe. Nachdem beide mehr als sieben Jahre zusammengelebt hatten, hatten sie sich entschlossen zu heiraten. »Mein kleiner Ketzer ist zahm geworden«, hatte Hilli gerufen, als sie aus dem Standesamt herausgekommen waren und ihre Freunde sie mit Blumen und Reis beworfen hatten.

Aus Harry Winter war Harry Dell geworden, weil Hilli Hilde Winter nicht gut gefunden hatte. Sie hatte als Redakteurin des Senders, in dessen Pool sie kurz nach dem endgültigen Aus von »Vater ist der Beste« aufgenommen worden war, ein neues Format kreiert, war zur Unterhaltungschefin aufgestiegen und quälte dann ihrerseits abhängige Produktionsfirmen mit Forderungen nach mehr Biss und mehr Tabubruch im neuen Renner »Deadline«. Eine Serie von durch den Sender organisierten Leichenschmaus-Partys, wo Promis nach ihrem Ableben auf Senderkosten für Freunde, Kollegen und Familie noch einmal die Puppen tanzen ließen, deren Highlights posthume Videobotschaften der Verstorbenen an die Partygäste und die fernsehende Öffentlichkeit waren.

Harry war durch eine glückliche Fügung zum Texter von Werbeslogans geworden und zu spätem Reichtum gekommen. Sprüche wie: »Das Leben ist eine Badewanne, irgendwann musst du raus, aber was machst du, wenn das Wasser langsam kalt wird? – Globe-Versicherungen!« oder »Besser ein schlechter Witz als schlechte Laune – Comedy-Non-Stop, NET-TV« waren auf seinem Mist gewachsen und lagen voll im Blöde-Werbung-Trend der frühen Zehnerjahre.

Hilli hatte seine Finanzen verwaltet und vermehrt. Sie hatte ihm einen A8-Hybrid vor die Tür gestellt, hatte ihn zum Maßschneider geschickt und als Prinzgemahl aufs große TV-Laminat mitgenommen. Man kannte die Dells. Sie waren wer. Es war eine Promi-Ehe geworden mit allem, was eine Ehe ausmachte. Bis heute überwachte Hilli Harrys Ernährung, kannte seine Zipperlein, dosierte den Drogenkonsum, legte ihm am Wochenende eine ViagraPlus auf die Zunge und reichte ihm dazu ein Glas Champagner.

»Aber nur eins, mein Kleiner!«

Inzwischen hatten sich beide vom ganz großen Geschäft zurückgezogen und genossen ihren Wohlstand. Wenn sie nicht in ihrem Haus im Elsass waren – man flog nicht mehr –, lebten sie ein Stadtleben in Hillis Wohnung in Steglitz, die sie und Harry inzwischen gekauft hatten.

Man pflegte den Kontakt zu alten Freunden und Kollegen, die immer noch in Berlin herumhingen und für die es immer noch eine Ehre war, zu Hillis sonntäglichen Brunches geladen zu werden. Die Vorbereitungen waren ein Ritual, zu dessen Mithilfe Hilli Harry jeweils bereits am Vorabend verdonnerte.

Wie jeden Samstagabend hatte Harry auch diesmal die Teakholzschüssel zwischen seinen Knien und bearbeitete mit einem hölzernen Kochlöffel von Manufactum den Kuchenteig. Aus dem Fernseher ertönte wie jeden Samstagabend die aufreizend gutgelaunte Stimme des Beste-Sendezeit-Moderators Carsten Scheire. Draußen war herrliches Wetter. Die Tür zur Terrasse stand offen. Harry spürte den heißen Wind, der den Geruch der

Straße in die Küche trug. September in Berlin-Steglitz. Schweiß stand auf seiner Stirn. Es war warm in der Küche. Im Häusermeer der Stadt sangen die Polizeisirenen. Es war ein Samstagabend, wie Harry ihn nun unzählige Male erlebt hatte, ein Samstagabend, an dessen Ende ihn das Champagnerglas mit Pille erwartete. Hilli wollte ihren Sex.

Plötzlich stand Harry auf, stellte die Teakholzschüssel in die Mitte des Küchentisches, steckte den Kochlöffel wie ein Ruder mit dem Stil nach unten in den Teig und verließ, ein wenig steif vom Sitzen, die Küche.

»Bin gleich wieder da.«

»Vergiss bitte nicht wieder zu spülen!«

»Ja, das heißt, nein.«

Leise schlich Harry an der Tür zur Terrasse vorbei, wo Weber immer noch schlief. Im Garderobenspiegel im Flur erblickte er einen alten Mann mit wässerig hellgrauen Augen, einer lächerlich kleinen Nase, etwas zu langen, schütteren, weißen Haaren, einem hageren, faltigen Hals, Hängebacken und einem modischen Polohemd aus rosenholzfarbener Seide.

Harry öffnete die Wohnungstür und stand im dämmerigen Treppenhaus. Langsam begann er den Abstieg. Der Lift war schon lange kaputt. Als Harry zitternd und erschöpft von den vielen Treppenstufen auf die Straße trat, herrschte dort reges Treiben. Die Menschen flanierten leicht bekleidet paarweise oder allein wie er über das breite Trottoir, betrachteten die Dinge in den Auslagen und aßen Eis. Harrys rechtes Knie tat weh. Als er sich vorsichtig bückte, um es ein wenig zu massieren, stellte er fest, dass er vergessen hatte, seine Hausschuhe auszuziehen. Es war ihm gleichgültig. Er stand einige Minuten unschlüssig auf der Straße herum. Langsam hob er seine runzeligen Hände vor sein Gesicht und betrachtete sie; er sah den Ring, der ihn mit Hilli verband – bis dass der Tod euch scheidet –, er sah die Adern auf seinem Handrücken, die blassen Altersflecken, die vertraute Form seiner Fingernägel, den kleinen Pigmentfleck auf seinem rechten Daumen; er betrachtete seine Lebenslinien und die kleine Narbe an der Handwurzel.

Harry zog den Ring vom Finger, legte ihn auf ein Fensterbrett und wandte sich nach Norden.

Nach einer Stunde langsamen, mühsamen Wanderns fand er sich in der Amrumer Straße im Wedding. Seine Füße schmerzten so sehr, dass er sich setzen musste. Sein Mund war ausgetrocknet, und er hatte Durst. Es wurde langsam dunkel.

Harry betrat eine zimmergroße Bar, setzte sich auf einen der Barhocker und bestellte ein Bier. An die ehemals ockerfarbenen Wände der Bar hatten die afrikanischen Betreiber naiv und schlampig große Palmen, einen Elefanten und einige Figuren mit bunten Kleidern gemalt. Die Einrichtung bestand aus einem Tresen und aus etlichen wackeligen Stühlen und Tischen, an denen Männer und Frauen und eine Gruppe junger Mädchen saßen. Die Menschen aßen Fisch oder Hühnchen und tranken Bier aus Plastikdosen. Auf den Tischen standen altmodische leere Weinflaschen aus Glas, in denen brennende Kerzen steckten. In einer Ecke stand ein Kühlschrank, aus welchem der Barmann eine Bierdose holte, die er auf den Tresen stellte. Harry trank das Gebräu mit einem einzigen langen, gierigen Schluck leer und wollte bezahlen. Da bemerkte er, dass er seine Geldkarte vergessen hatte, als er aufgebrochen war.

Der Barmann sagte laut in die Runde, dass der alte weiße Mann nicht bezahlen könne. Alle Gespräche und alles Gelächter verstummten. Eines der jungen Mädchen in einem leuchtend blauen Kleid, mit heller Haut, langen krausen Haaren und ernsten Augen hinter den buschigen, langen Wimpern stand langsam auf und sah ihn an. Sie lächelte. Alle schauten jetzt zu ihm. Nach einer Weile kramte das Mädchen ihre Geldkarte aus ihrer

Handtasche und legte sie auf den Tresen. Da griff eines der anderen Mädchen mit riesigen Ohrringen und einem Turm wilder Zöpfe über ihrer hohen Stirn nach der Geldkarte, gab sie ihrer Freundin zurück und sagte, der alte Mann solle tanzen, sie würde ihren Spaß haben wollen. Wenn er »pidge« sei, brauche er nicht bezahlen, bekäme ein zweites Bier, etwas zu essen und könne ihr an den Arsch fassen. Die restlichen Gäste der Bar grinsten und starrten Harry erwartungsvoll an. Was das Mädchen mit »pidge« meinte, wusste Harry nicht. Ihr Ton war jedoch so rüde, dass er seine Hausschuhe auszog, ein wenig wackelig zwischen die Tische trat und anfing, sich irgendwie tänzerisch zu bewegen. Die Menschen in der Bar fingen an zu lachen.

Plötzlich sah sich Harry im Mittelpunkt einer ihn betreffenden Betriebsamkeit. Die Gäste verrückten die Tische und machten ein Stück des mit Wachs und Schmutz verschmierten Holzbodens frei. Andere schlossen die Tür zur Straße und ein offen stehendes Fenster. Einige der Gäste der Bar begannen, mit Löffeln und Messern an die Flaschen mit den Kerzen zu schlagen. Sie klatschten einen Takt oder klopften mit den Händen sanft auf die Holztische. Der Barkeeper hatte eine alte Keksdose auf den Tresen gestellt, auf welche er rhythmisch eindrosch.

Harry hatte den grotesken Einfall, sein Leben bis zu seinem heutigen Höhepunkt im Tanz darzustellen. Er tanzte seine Jugend, die Hippiezeit, sein erstes Auto, seine Erfolge und Misserfolge, er tanzte Karin, Turchu, Olivia, Hilli und alle Frauen, die er geliebt hatte, und kommentierte die jeweiligen Szenen und Abschnitte in schlechtem Englisch. Andere Gäste begannen ebenfalls zu tanzen. Ein riesiger Kerl in einer schmutzigen, tomatenroten Latzhose und einem weißen T-Shirt übernahm die Hippiezeit, eine dünne, etwa 60-jährige Frau mit einer verrutschten, schwarzglänzenden Perücke tanzte Harrys erstes Auto, eine aufreizend gekleidete Prostituierte mit billigem

Make-up und einer verspiegelten Sonnenbrille in einem Wust krauser, blondgefärbter Haare tanzte seine Geliebten, mehrere andere tanzten Hilli, das Mädchen mit dem blauen Kleid tanzte Olivia. Eine dicke, fröhliche Lady tanzte den Kuchenteig. Ein halbwüchsiger Junge tanzte den Kochlöffel. Als Harry bei der Stelle war, wo er den Kochlöffel umgekehrt in den Kuchenteig rammte, bekam er Szenenapplaus. Es war schön. Harry war glücklich; ihm war schwindelig vor Seligkeit.

Harry musste lachen und konnte fast nicht mehr aufhören. Es sprudelte in ihm. Er war für Minuten ein anderer. Der Keim seiner Seele steckte in einem anderen Leib. Sein Übermut bewegte andere Beine. Seine Seligkeit atmete in einer anderen Brust. Er bog und drehte einen neuen Rücken und zwitscherte aus einer neuen Kehle. Mit neuen Füßen sprang er in die Luft und landete federnd auf den Dielen.

Bevor alles versank, wie in die Nacht nach einem herrlichen Tag, sah sich Harry noch einmal im Mittelpunkt einer lachenden Runde von Menschen. Er stand auf einem der Tische, hielt eine leere Whiskyflasche umgekehrt über dessen Mitte und schrie in einer ihm fremden Sprache irgendetwas in die Runde. Dabei hatte er das Gefühl, etwas Witziges zu sagen. Alle kreischten vor Lachen. Das Mädchen mit dem blauen Kleid lächelte ihn an. Eine Frauenstimme schrie euphorisch: »He is pidge!«

Das war das Letzte, was er hörte, bevor er schwer vor Entspannung und müde vom Tanzen die Hölle für immer verließ und den Pfad hinabging, der zu der hölzernen Brücke führte. Über ihm stand, eingerahmt vom dunklen Saum des Dschungels an den Ufern des Flusses, der das Hier vom Dort trennt, die Sternenwüste. Vorsichtig setzte Harry seinen Fuß auf die ersten Bretter der Brücke.

Prof. Dr. Richard Wisser

Philosoph, Psychologe

Ist Zeit getilgt, bricht Heimat an

Geburt bringt Leben hervor,
doch mit ihm den Tod.
Leben zu retten gelingt.
Uns vor dem Tod bewahren nicht.

Was anfängt, geht wie die Zeit,
geht vorüber, vorbei,
ihm ist sein Ende bestimmt,
denn es vergeht, es geht dahin.

Die Zeit der Zeiten verläuft
Und ihr immer so fort,
wieder und wieder, läuft ab,
Zeit ist vergänglich, Zeit läuft aus.

Sie kommt, die Zeit, sie vergeht,
doch sie bleibt unterwegs,
zeigt uns ihr Janusgesicht
Ausblick und Rückblick, jäh in eins.

Was anfängt, endet, erlischt
Allemal mit der Zeit.
Still steht die Uhr, nicht der Zeit
Ruheloses Enden fort und fort.

Drum gilt's, und schwer ist es nicht,
Zu begreifen die Zeit.
Kennt keine Heimkehr, der Tod
Endet die Zeit, erschließt das Sein.

IST ZEIT GETILGT, BRICHT HEIMAT AN

Wann zehrt die Zeit sich selber auf
In allen ihren Zügen?
Erlischt am Ende ihr Verlauf,
Hat sie sich auch zu fügen!

Noch rinnt der Sand, noch tickt die Uhr,
noch löst die Zeit manch Siegel.
Noch spannt das Ziel, verspürt die Spur,
beschlägt ihr Atem Spiegel.

Es bleibt ihr Gang Vorübergang.
Vorbei bringt nichts als Wende.
Und führt ihr Weg an ihr entlang,
was kommt, birgt stets ein Ende.

Es trennt die Zeit, hebt Trennung auf,
bringt Abschied, Wiedersehen.
Kein Anhalt hält, es herrscht Verlauf,
kein Kommen ohne Gehen.

Der Pulsschlag, manifest der Zeit:
Ihr Bleiben ist vergehen.
Noch jetzt, nicht mehr, noch nah, schon weit,
geschieht, geschah Geschehen.

Wann endet dieses Immerfort,
das unentwegt enteilet?
Ist gar der Tod das Tor zum Ort,
wo zeitlos Zeit verweilet?

Wo nichts mehr trennt, wo allzumal
Der Nähe Wonne waltet,
wo gründlich aufhört Abschiedsqual
und Liebe nicht veraltet?

Kein Einstmals: Ehdem oder Dann,
kann Heimat je erreichen,
und kein Zurück und kein Voran
ist Weg- und Richtungszeichen.

Rolf Zuckowski

Musiker, Komponist

Einen Schritt voraus

Hast uns zur Welt gebracht,
an unserm Bett gewacht,
hast uns getröstet
und durch schwere Zeiten durchgebracht.
In allen Lebenslagen kanntest du dich aus
und warst uns immer
einen Schritt voraus,
und warst uns immer
einen Schritt voraus.

Hast manches Fest gefeiert
und dafür die Nacht zum Tag gemacht
und wärst so gern aus manchem bösen Traum erwacht.
Hast uns den Weg gezeigt
und wusstest doch oft selber nicht wohin,
hast nur geglaubt, es hat wohl alles seinen Sinn.

All die Jahre, all die Kraft,
irgendwie hast du es immer noch geschafft,
immer noch ein Tag und dann das letzte Ziel,
nur Liebe schafft so viel.

Hast oft gesagt: »Ich muss«,
doch nie ein Wort von Schluss,
und wie ein neuer Anfang
war für uns dein letzter Kuss.
Bist nicht mehr da,
und es ist doch nicht alles aus,
bist uns nur wieder
einen Schritt voraus,
bist uns nur wieder
einen Schritt voraus.

VIII. Die neue Sterbekultur als Aufgabe der modernen Gesellschaft

Weil Sterben auch Leben ist, greift die Hospizbewegung unserer Tage die Idee der mittelalterlichen Hospize als Rast- und Erholungsstätten auf Reisen wieder auf.

Die Hospizbewegung sieht den Lebensweg des Menschen unter dem Bild einer Reise, auf der besonders der kranke und sterbende Mensch auf der letzten Wegstrecke seines Lebens umfassende Zuwendung benötigt mit dem Ziel, ein möglichst beschwerdefreies – und auch schmerzfreies – Leben bis zum Tode führen zu können.

Die Ziele der Hospizbewegung sind, dass über Krankheit, Sterben, Tod und Trauer in unserer Gesellschaft wieder offen gesprochen werden kann und dass die schwerkranken Menschen mit ihren Angehörigen entscheiden können, wo sie sterben möchten. Dabei sollen der Wille und die Bedürfnisse der Kranken oder Sterbenden unser Handeln bestimmen.

Die fast immer ehrenamtlich tätigen Mitarbeiterinnen und Mitarbeiter in der Hospizbewegung möchten den Kranken Raum schaffen, damit sie auch in ihrem Sterben ihre Individualität leben können. Ihre Würde soll in jeder Weise geachtet werden, ihr Leben auch im Sterben höchstes Gut bleiben. Sie möchten nicht nur den Sterbenden beistehen, sondern auch ihren Angehörigen und Freunden. Sie begleiten sie in ihrer Auseinandersetzung mit dem Schmerz des Loslassens und des Abschieds und in der Zeit der Trauer.

Heinrich Haasis

Präsident des Deutschen Sparkassen- und Giroverbandes

Hilfe zum Helfen – wer Sterbende begleitet, kann auf Beistand hoffen

Sterben heißt Abschied nehmen. Und weil der Abschied so endgültig ist, fällt die richtige Form des Abschiednehmens vielen Menschen nicht leicht. Das Abschiednehmen wird zusätzlich erschwert, wenn auf die Angehörigen Aufgaben zukommen, mit denen sie nicht gerechnet haben. Denn im Frühstadium der Sterbephase kann der Kranke noch viele Dinge selbst regeln, später wird er aber immer mehr auf die Hilfe anderer angewiesen sein, Angehörige und Freunde sind dabei seine ersten Ansprechpartner. Wenn sie sukzessive in die Rolle von Sterbebegleitern geraten, suchen Angehörige und Freunde häufig selbst nach Hilfe und Beistand.

Dies liegt auch daran, dass die so immens wichtige emotionale Nähe der Angehörigen zum Sterbenden es nicht immer einfach macht, eine objektive Sichtweise einzunehmen oder auch einen gewissen Abstand für bestimmte Entscheidungen zu erreichen. Ist dann noch der Kreis der an der Sterbebegleitung beteiligten Personen größer, kann es zudem zu Konflikten kommen, weil die Ansichten darüber auseinandergehen, was der kranke Angehörige braucht und wie seine letzte Zeit und sein Sterben gestaltet werden können. Muss ein Sterbender mit seinem baldigen Tod konfrontiert werden? Gibt es in ihm noch innere Konflikte, die thematisiert werden müssen? Wo soll er gepflegt werden: zu Hause oder in einer Einrichtung? Das alles sind schwierige Fragen, mit denen die Angehörigen noch vor ein paar Jahren häufig alleingelassen wurden, weil sie als Angelegenheit des »Privaten« nicht zum Aufgabengebiet der Schulmedizin gehörte.

Die Situation hat sich aber heute stark gewandelt. Tod und Sterben sind keine gesellschaftlichen Tabuthemen mehr. Sterben wird inzwischen als zentrales »Lebensthema« akzeptiert, heute kann nicht nur über Fragen der Sterbebegleitung offen gesprochen werden, es gibt bereits viele qualitativ hochwertige Beratungs- und Hilfsangebote rund um diese Thematik.

Zu verdanken ist dieser gesellschaftliche Umschwung in hohem Maß der Hospizbewegung. Seit im Jahr 1967 das St. Christopher's Hospice in Sydenham bei London als erstes Hospiz gegründet wurde, hat die Hospizbewegung einen gesellschaftlichen Denkprozess in Gang gesetzt – Sterben als normaler und natürlicher Lebensabschnitt, der dementsprechend auch von Sterbenden und ihren Angehörigen gestaltet wird.

Inzwischen hat sich in Deutschland eine vielfältige Hospizlandschaft herausgebildet. Sie folgt damit den Bedürfnissen der Sterbenden und ihrer Angehöriger, denn so einzigartig wie das Leben eines Menschen ist auch sein Sterben. Es gibt deshalb Angebote für bestimmte Altersgruppen, für bestimmte Krankheiten – regional verteilt und in unterschiedlicher Trägerschaft.

Wer die Entwicklung der Hospizbewegung in Deutschland verfolgt, dem fällt auf, dass sie ihre gesellschaftliche Akzeptanz und ihre breite Aufstellung insbesondere ihren ehrenamtlichen Helfern zu verdanken hat. Menschen also, die in ihrer freien Zeit andere Menschen beim Sterben begleiten und den Angehörigen mit Rat und Tat zur Seite stehen. Diese ehrenamtliche Arbeit hat handfeste Vorteile, denn sie bedeutet, dass alle Menschen – ohne Ansehen ihrer sozialen Herkunft, ihrer Bildung oder ihres Einkommens – in den Genuss dieser Leistungen kommen können.

Auch die ökumenische Hospizgruppe Balingen arbeitet so. Seit Jahren verrichten dort Ehrenamtliche in diesem Sinne ihren Dienst, sie sind dort, wo ihre Hilfe gewünscht wird – in den Krankenhäusern, Altenheimen oder bei den Sterbenden und deren Angehörigen zu Hause.

Am Beispiel der ökumenischen Hospizgruppe Balingen wird aber nicht nur der ehrenamtliche Einsatz der Menschen sichtbar, sondern auch die Qualität ihrer Dienste. Es ist für die beratenden Mitglieder obligatorisch, dass sie auch an Schulungen und Fortbildungen teilnehmen. So komplettieren sie ihre Sensibilität für die Bedürfnisse der Sterbenden, die sie aus ihrer Praxis gewonnen haben, mit fundiertem Wissen und Fertigkeiten aus den Fortbildungen. Beides sorgt für ein qualitativ hohes Niveau der Begleitung.

Und Sensibilität und Qualität sind von ganz besonderer Bedeutung, denn viele Sterbende haben eine lange »Patientenkarriere« erlebt und durchlitten. Häufig waren sie Situationen ausgesetzt, bei denen im Hinblick auf das Primat der medizinischen Behandlung wenig Rücksicht auf seelische Befindlichkeiten genommen werden konnte, was nicht selten in der Psyche der Menschen Spuren hinterlassen hat. Sterbebegleitung, wie sie von der Hospizbewegung praktiziert wird, ist dagegen etwas ganz anderes, hier stehen dezidiert die seelischen Bedürfnisse im Zentrum aller Bemühungen. Es geht hier etwa um die Frage, wie die Kranken auch beim Sterben sie selbst bleiben oder wieder werden können, nämlich Menschen mit Interessen und Ideen, die ihre Individualität auch in der letzten Lebensphase leben möchten. Aber auch den Angehörigen ist dies gleich eine doppelte Stütze. Ihnen geht es besser, wenn die Belange des Sterbenden erfüllt werden können. Gleichzeitig haben sie einen Ansprechpartner für ihre eigenen Fragen.

Gott sei Dank hat sich auch in den Krankenhäusern viel verändert. Das Personal ist froh, wenn Angehörige bei schwerkranken, dem Tod nahen Menschen bleiben und sie im Krankenzimmer begleiten.

Vor dreißig Jahren erlebten dies meine Geschwister und ich bei unserer Mutter im Krankenhaus noch anders. Damals verlangten die Pflegekräfte, dass man abends geht und das Haus verlässt, mit der Begründung, man könne ja am nächsten Tag wiederkommen – obwohl bei einer Sterbenden die Zeit naturgemäß sehr begrenzt ist.

Vielfach fehlten auch die Räumlichkeiten in den Krankenhäusern, so dass es dem Personal gar nicht möglich war, todkranken Patienten zusammen mit ihren Angehörigen einen Raum zuzuweisen.

In meiner folgenden Amtszeit als Landrat habe ich deshalb bei der Raumplanung Wert darauf gelegt, dass stets eine entsprechende Raumreserve eingeplant und – beim damaligen Umbau des Krankenhauses in Ebingen – eine schön gestaltete Kapelle als Andachts- und Besinnungsraum eingerichtet wurde. So wie das von meinen Vorgängern Dr. Lazi in Balingen und Dr. Mauser in Hechingen verwirklicht wurde.

Viele hauptamtliche Mitarbeiterinnen und Mitarbeiter in Krankenhäusern und Pflegeeinrichtungen leisten eine wunderbare Arbeit in einfühlsamer Pflege und Begleitung. Sie haben meine Hochachtung. Aber auch viele Ehrenamtlichen engagieren sich. Sie erwarten kein Geld für ihre Dienste. Aber Dank und Anerkennung der Leistung beflügeln bei der Arbeit, geben Kraft zum Weitermachen. Deshalb gilt an dieser Stelle mein Dank all denjenigen, Hauptamtlichen und Ehrenamtlichen, die in den verschiedensten Einrichtungen und Initiativen Sterbende begleiten. Ich wünsche Ihnen Kraft und Gottes Segen! Sie leisten mit Ihrem Engagement einen wichtigen Beitrag zum »Gelingen« unserer Gesellschaft, indem Sie praktizierte Mitmenschlichkeit dort leben, wo sie besonders gebraucht wird: beim menschenwürdigen Abschied aus dem Leben.

Barbara Bosch

Oberbürgermeisterin der Stadt Reutlingen

Veränderungen

Menschen fürchten den Tod, wie Kinder sich fürchten, im Dunkeln zu gehen« – diese Feststellung hat Francis Bacon im 16. Jahrhundert getroffen. Seither hat sich vieles verändert, die Wissenschaft hat Meilensteine zurückgelegt. Wir waren auf dem Mond und via Internet können wir Nachrichten in wenigen Sekunden rund um die Welt schicken. Und dennoch hat die Aussage Bacons weiterhin Gültigkeit – denn was der Tod letztlich bedeutet, was danach kommt, wissen wir auch heute nicht. Mit dem Unbekannten ist auch die Furcht geblieben.

Verändert hat sich hingegen, wo dieser letzte Lebensabschnitt stattfindet, wie er wahrgenommen wird. Noch vor hundert Jahren gehörten Krankheit und Leid zum täglichen Leben. Während der letzten Tage versammelte sich die ganze Familie, die ganze Verwandtschaft, Freunde, ja das ganze Dorf kam, um sich von dem Sterbenden zu verabschieden, den Angehörigen Hilfe anzubieten. Der Sterbende war der Mittelpunkt, alles drehte sich um ihn. Heute sterben in unserer Gesellschaft nur wenige noch im Kreis ihrer Angehörigen und Freunde, sondern meist in der Umgebung eines Krankenhauses oder Pflegeheimes. Dabei zeigen Umfragen, dass Menschen zu Hause, in ihrer vertrauten Umgebung sterben möchten.

Ich freue mich, dass die ehrenamtlichen Mitarbeiter der ökumenischen Hospizgruppe Balingen sich ganz bewusst dem schwierigen Thema »Sterben« stellen. Mit ihrer Arbeit nehmen sie den Menschen die von Francis Bacon beschriebene Furcht.

Im Mittelpunkt stehen dabei schwerstkranke und sterbende Menschen jeden Alters und die ihnen Nahestehenden. Sie tragen mit ihrem Engagement dazu bei, das gesellschaftliche Tabu aufzubrechen und Sterben – ebenso wie die Geburt – wieder als selbstverständlichen Teil unseres Lebens zu sehen. So hat die Patientenschutzorganisation Deutsche Hospiz Stiftung für sich den Leitspruch gewählt: »Weil Sterben auch Leben ist.«

Ich weiß aus früheren beruflichen Tätigkeiten in der Altenbetreuung und Altenpflege sowie der psychosozialen Krebsnachsorge, aber auch aus persönlichen Erfahrungen in der Begleitung von Sterbenden im privaten Umfeld, wie wichtig ein würdevoller Abschied ist – für den, der geht, und jene, die zurückbleiben. Ich weiß Ihren Einsatz deshalb sehr zu schätzen und bin dankbar für dieses außerordentliche Engagement in der Hospizarbeit. Ich wünsche Ihnen allen Kraft und Unterstützung und hoffe, dass sich immer wieder Menschen für diese segensreiche Arbeit begeistern lassen.

Tanja Gönner

Ehemalige Umweltministerin Baden-Württemberg

Mitten im Leben

In einer mit Leben und Terminen angefüllten Stunde inmitten unseres Alltags scheint der Tod oft so unfassbar und fern. Als würde er uns nicht betreffen, als ginge er nur andere etwas an.

»Mitten im Leben sind wir vom Tod umgeben«, so lauten die Worte eines alten, christlichen Liedes. Wenn sich diese Worte nun aber erfüllen, und oft geschieht dies unvorbereitet, indem wir plötzlich mit dem Sterben konfrontiert werden. Dann wird uns klar, der Tod ist von Geburt an Teil des Lebens. Wir haben ihn nur verdrängt. Dies ist in einem gewissen Rahmen normal, denn unser ganzes Sein strebt nach Leben. Dies gilt auch für viele Christen, obwohl wir durch Jesus Christus die Hoffnung auf ein Weiterleben nach dem Tod haben dürfen. Unser Selbsterhaltungstrieb bindet uns aber mit großer Kraft an diese Welt, so dass es uns schwerfällt, den Tod anzunehmen. So konzentrieren sich die meisten von uns stärker auf Gesundheit und Jugend, und es bleibt wenig Raum für die Auseinandersetzung mit dem Sterben. Sei es nun mit dem Tod derer, die wir lieben, oder mit unserer eigenen Endlichkeit.

Da aber unser Schicksal als Menschen in diesem Punkt unausweichlich ist, sollten wir einen Weg finden, dieses Schicksal aktiv anzunehmen und unser Leben so zu beenden, wie wir auch leben wollen, in Würde und von fürsorgenden Menschen umgeben. Damit dies gelingen kann, haben sich überall Frauen und Männer in der Hospizbewegung zusammengeschlossen. Sie empfinden es als einen Auftrag der Nächstenliebe, den Sterbenden und ihren Angehörigen zu helfen. Viele Menschen sehen sich am Ende des Lebens einer Fülle von Ängsten gegenüber. Die Angst vor dem Sterbeprozess, vor dem Alleinsein, vor dem Abschied vom Leben und denen, die sie lieben. Aber auch die Vorstellung von der Anonymität der modernen medizinischen Einrichtungen ist für viele furchteinflößend. Die Sterbebegleiter bekämpfen diese Angst und Einsamkeit mit Wärme und Zuwendung.

Das Wort Hospiz leitet sich vom lateinischen »hospitium« ab und bedeutet Herberge, also Raststätte für Menschen, die unterwegs sind. Die Sterbebegleiter der Hospizbewegung sehen sich daher als Ruhepunkte auf der letzten Reise. Menschen zu begleiten durch Trost, Zuhören, durch Gesten der Nähe, Begegnungen von Mensch zu Mensch und durch die Überlegung, wie Schmerzen gemindert werden, dies ist die Grundidee der modernen Hospizbewegung. Sie will sicherstellen, dass Sterbende im Kreise ihrer Familien eine Linderung ihrer Schmerzen und Ängste erfahren und liebevolle Betreuer um sich wissen, die bereit sind, ihr Leiden ein Stück mitzutragen. So wie Simon von Cyrene und Veronika Jesus ein Stück auf seinem Kreuzweg begleiteten und Maria nicht allein blieb unter dem Kreuz, so sollen auch heute unsere Sterbenden und ihre Angehörigen nicht alleine bleiben.

Ich bin sehr froh, dass es in unserer Gesellschaft so viele Menschen gibt, die sich ehrenamtlich in diesem Bereich engagieren. Die ökumenische Hospizgruppe Balingen ist ein besonders gelungenes Beispiel. Mit zahlreichen Aktivitäten und erfolgreichen Projekten haben sich hier viele engagierte Menschen mit ihren Ideen und ihrer Fürsorge eingebracht. Es ist ihnen in Balingen gelungen, der Ganzheitlichkeit in der Betreuung der Sterbenden durch die psychosoziale und spirituelle Begleitung Raum zu geben. Sie holen das Sterben, den Tod und die Trauer aus einer Tabuzone und stellen sie ins richtige Licht als Teil unseres Daseins.

Allen, die sich dieser schweren Aufgabe widmen, und besonders allen engagierten Mitgliedern der ökumenischen Hospizgruppe Balingen möchte ich nicht nur als Ministerin des Landes Baden-Württemberg, sondern auch ganz persönlich meinen herzlichen Dank aussprechen. Sie geben den Menschen unserer Region die Sicherheit, dass am Ende aller weltlichen Dinge eine ausgestreckte Hand wartet.

Ich hoffe, dass Sie auch weiterhin so aktiv Ihre Pläne und Ideen in die Tat umsetzen. Mögen Ihre Ideen viele Helfer finden und mögen auch Sie selber immer wieder die Möglichkeit haben, Kraft und Ruhe für Ihre schwierige Aufgabe zu schöpfen. Ich wünsche Ihnen für die Zukunft alles erdenklich Gute und Gottes Segen.

Dr. Wolfgang Schuster

Oberbürgermeister der Landeshauptstadt Stuttgart

Die Angst vor der Ungewissheit

Die meisten von uns denken zu Lebzeiten nur selten ans Sterben. Cesare Pavese, ein italienischer Schriftsteller, hat versucht, dies zu erklären.

»Der Tod ist die Ruhe, aber der Gedanke an den Tod ist der Störer jeglicher Ruhe.«

Es gibt weitere Gründe. Die Angst vor der Ungewissheit. Wir wissen nicht, was nach dem Tod sein wird. Deshalb wünschen wir uns, beim Sterben nicht allein zu sein. Wir fürchten uns vor dem Wie des Sterbens, vor Krankheiten, vor Schmerzen. Auch deshalb wollen wir beim Sterben nicht allein sein.

Wir verdrängen zwar den Gedanken an den Tod und ans Sterben, wir können ihn uns aber nicht verbieten. Wenn wir dann daran denken, wünschen wir uns, in der gewohnten Umgebung zu sterben, dort, wo wir lange gelebt haben, wo wir uns zu Hause fühlen, wo wir glücklich gewesen sind. Wir wünschen uns, dass unser Lebenspartner da ist, dass unsere Kinder in der Nähe sind, die Familie, die Freunde.

Die Wünsche gehen selten in Erfüllung, und wir haben es nicht in der Hand, dies zu steuern. Die meisten Menschen sterben an Krankheiten im Krankenhaus, viele im Pflegeheim, die wenigsten daheim. Für die Angehörigen sind Sterben und Tod eines Menschen, der ihnen sehr nahe ist, eine große Belastung. Manche verzweifeln daran, gerade dann, wenn ein Kind sterben muss.

Es verdient große Anerkennung, dass es Menschen und Einrichtungen gibt, die Sterbende und ihre Angehörigen nicht alleinlassen, die sich aus Mitmenschlichkeit und Nächstenliebe engagieren. Ich bin den Kirchen dankbar, die sich, gerade auch in Stuttgart, traditionell stark engagieren.

Seit dem Mittelalter ist das Hospiz ein Begriff für ein Gebäude, das Gäste aufnimmt. »Hospiz« steht für Hilfe, Gastfreundschaft, für Menschlichkeit, Humanität. Noch im Wort »Hospital« klingt diese semantische Wurzel an.

Man kann auch eine Kommune als eine solche solidarische Hilfsgemeinschaft verstehen. Niemand darf und soll sich ausgegrenzt fühlen, weder wegen seiner Nationalität, seiner sozialen Herkunft, seines Alters oder seines Gesundheitszustandes. Niemand soll allein und ohne Beistand sterben müssen. Deshalb danke ich der ökumenischen Hospizgruppe in Balingen für ihre Initiative und allen, die sie dabei unterstützen.

Danksagung

Ich danke ganz herzlich allen, die ihre meist noch unveröffentlichten Manuskripte für dieses Projekt zur Verfügung gestellt haben.

Danken möchte ich ausdrücklich auch jenen, die im Moment keinen Zugang zu unseren Themen finden konnten und dies in vielen Gesprächen erklärten und um Verständnis baten.

Mein besonderer Dank geht an Herrn Pfarrer Christof Seisser, den Leiter und Mitbegründer der Balinger Hospizgruppe, für seine wertvolle Unterstützung bei diesem Projekt.

Michaela Seul

Hospizarbeit und Palliativbetreuung

Für einen Abschied in Würde

Die individuelle Begleitung Sterbender ist bis zuletzt möglich. Was viele Betroffene und deren Angehörige nicht wissen: Es gibt zahlreiche Formen der Unterstützung. Michaela Seul klärt auf über diese Möglichkeiten, die noch viel zu wenig bekannt sind: angefangen bei der ambulanten Betreuung durch Hospizmitarbeiter oder den Aufnahmekriterien für ein Hospiz, über die Bedeutung der Palliativbetreuung, die Wichtigkeit einer Patientenverfügung bis hin zu organisatorischen und grundlegenden Fragen, die das Sterben und den Tod betreffen.

MensSana

Lisa Freund

Geborgen im Grenzenlosen

Neue Wege zum Umgang mit dem Sterben

Ein Plädoyer für eine neue Sterbekultur

Was wissen wir über den Tod? Wie können wir uns auf das Sterben einstellen?

Lisa Freund ist seit vielen Jahren in der Hospizarbeit und als Sterbebegleiterin tätig. Sie vermittelt wichtiges Basiswissen im Umgang mit Sterben und Tod für Betroffene, Angehörige und alle, die sich mit dem Thema auseinandersetzen wollen. Neueste Erkenntnisse der Sterbeforschung und Palliativmedizin verknüpft sie mit buddhistischen Einsichten und konkreten Hilfestellungen für Sterbenskranke und deren Begleitern.

O. W. Barth

Ulrike Scheuermann

Das Leben wartet nicht

7 Schritte zum Wesentlichen

Wie kann ich in meinem Leben Sinn erkennen? Welche Beziehungen will ich klären? Was will ich erreichen und welche Spuren möchte ich damit hinterlassen?

Ulrike Scheuermann eröffnet einen neuen Zugang zu den Grundfragen im Leben: Ihre 7 ungewöhnlichen Schreibübungen regen maßgeblich zur Klärung der wichtigen Lebensthemen für ein erfülltes Leben an.

Ökumenische Hospizgruppe Balingen

Kontakt
Förderverein der Ökumenischen Hospizarbeit Balingen e.V.
Bürgermeister-Jetter-Straße 25
72336 Balingen
www.hospiz-balingen.de

Für ein weiteres Projekt erbittet
Eduard Maass Zuschriften zu außergewöhnlichen Nahtod-
erfahrungen im Zusammenhang mit Sterben, Tod und Trauer
unter
eduard.maass@web.de